AF262018

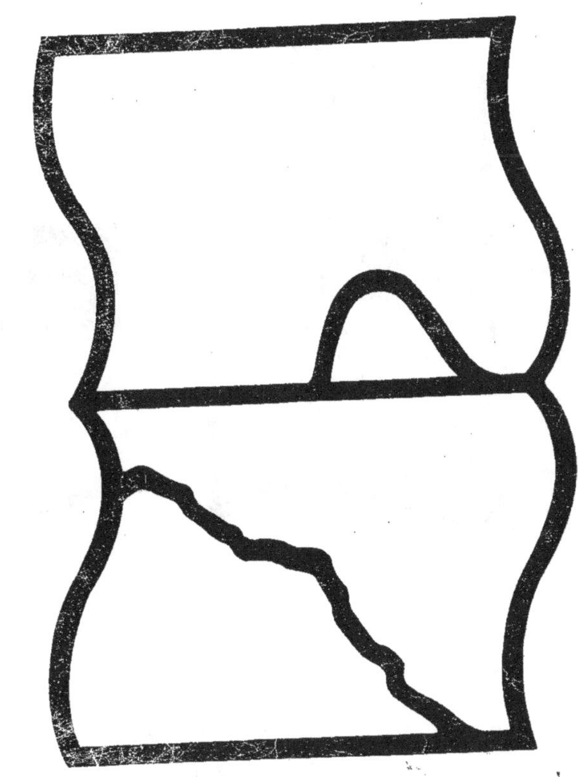

Contraste insuffisant

NF Z 43-120-14

LA VÉRITÉ

SUR LE

LIVRE DES SAUVAGES

PAR

L'ABBÉ EM. DOMENECH

MISSIONNAIRE APOSTOLIQUE, MEMBRE DE L'ACADÉMIE PONTIFICALE TIBÉRINE, DES
SOCIÉTÉS ETHNOGRAPHIQUE ET GÉOGRAPHIQUE DE PARIS, ETC.

———— ❈ ————

PARIS

E. DENTU, LIBRAIRE-ÉDITEUR

GALERIE D'ORLÉANS, 13 ET 17, PALAIS-ROYAL

—

1861

LA VÉRITÉ

SUR LE

LIVRE DES SAUVAGES

OUVRAGES DU MÊME AUTEUR :

JOURNAL D'UN MISSIONNAIRE AU TEXAS ET AU MEXIQUE, 1 vol. in-8° avec carte. — Paris, 4, rue Cassette, chez Gaume et Duprey.

HISTOIRE DU JANSÉNISME, d'après un manuscrit du dix-septième siècle, par le père René Rapin, 1 vol. in-8°. — Paris, Gaume et Duprey, 4, rue Cassette.

MANUSCRIT PICTOGRAPHIQUE AMÉRICAIN, précédé d'une Notice sur l'Idéographie des Peaux-Rouges. 1 vol. grand in-8°. — Paris, Gide, 5, rue Bonaparte.

VOYAGE PITTORESQUE DANS LES GRANDS DÉSERTS DU NOUVEAU-MONDE. 1 vol. in-4°, avec quarante gravures. — Paris, Morizot, 5, rue Pavée-Saint-André.

BIENTOT SOUS PRESSE :

HISTOIRE DE LA VIE RELIGIEUSE AU DIX-SEPTIÈME SIÈCLE, d'après les manuscrits des dames Ursulines de cette époque. 2 forts vol. in-12.

VOYAGE POÉTIQUE, ETHNOLOGIQUE ET LÉGENDAIRE DANS LA VERTE ERINN. 2 vol. in-4°.

LANGUES AMÉRICAINES COMPARÉES. 4 vol. grand in-8°.

LA VÉRITÉ

SUR LE

LIVRE DES SAUVAGES

PAR

L'ABBÉ EM. DOMENECH

MISSIONNAIRE APOSTOLIQUE, MEMBRE DE L'ACADÉMIE PONTIFICALE TIBÉRINE, DES
SOCIÉTÉS ETHNOGRAPHIQUE ET GÉOGRAPHIQUE DE PARIS, ETC.

PARIS

E. DENTU, LIBRAIRE-ÉDITEUR

GALERIE D'ORLÉANS, 13 ET 17, PALAIS-ROYAL

1861

Tous droits réservés.

AUX SAVANTS

FRANÇAIS, ANGLAIS, ALLEMANDS ET BELGES

Ces pages sont directement adressées à l'auteur du pamphlet de Dresde, à la *Gazette d'Augsbourg*, à la *Gazette de Voss*, à l'*Athenæum* de Londres, au *Saturday review*, aux *Notes et Queries*, à la *Correspondance littéraire*, à la *Patrie*, à l'*Indépendance belge*, et à tous les journaux comme à toutes les Revues qui ont attaqué l'authenticité du *Livre des Sauvages*. Je n'ai pu me procurer que les principaux articles publiés sur ce sujet, et naturellement je ne réponds qu'à ceux dont j'ai connaissance ; mais je crois détruire, par cette brochure, tous les arguments qu'on peut élever contre ce manuscrit. Étant très-fatigué et pressé d'en finir, j'ai dû hâter ma réponse et négliger sa forme ; mais je compte sur l'indulgence du lecteur pour comprendre combien il me tardait de terminer cette déplorable polémique. Je voudrais bien me tromper, mais je crois que MM. Vivien de Saint-Martin, Berjeau et M. Edmond Texier sont les seuls qui ont soutenu ma cause pendant mon absence, et je les en remercie sincèrement. Honneur à ceux qui ne comptent jamais le nombre des ennemis qu'ils ont en face d'eux ! Depuis mon retour à Paris j'ai écrit aux journaux dont j'avais les articles en main : le rédacteur des *Notes et Queries* de Londres m'a seul répondu, en m'envoyant le numéro qui contenait ma lettre. Je suis heureux de publier cet acte de loyauté de la part de la presse anglaise, tout en regrettant que la presse française et la presse allemande ne l'aient pas imité. J'espère qu'elles répareront cet oubli, en donnant un compte rendu impartial de cette brochure que je publie aujourd'hui, pour rendre le public intelligent juge de ce singulier débat, et le mettre à même de décider de quel côté se trouve la *mystification bibliographique*, dont on a tant parlé.

LA VÉRITÉ

SUR LE

LIVRE DES SAUVAGES

L'histoire de l'Amérique du Nord ne nous étant pas connue au delà
du neuvième siècle, et présumant, d'après les traditions indiennes et les
manuscrits scandinaves (1) qu'il y avait eu des émigrations irlandaises, sur plusieurs parties des côtes septentrionales de l'Amérique (2), dès le septième siècle, je partis pour l'Irlande le 7 ou
le 8 juillet, à l'effet d'y découvrir quelques documents sur ce fait
historique, avant la prétendue découverte du Nouveau-Monde par
Christophe Colomb. Désirant en outre étudier les anciens forts, les
cairns et les *tumuli* irlandais, afin de les comparer aux monu-
ments analogues éparpillés dans les solitudes américaines, je dus,
pendant deux mois, parcourir les lieux les moins fréquentés du
Munster, du Conaught, de l'Uster et du Leinster, sans pouvoir me
faire suivre par les lettres que mes amis m'envoyaient à Dublin. De
retour dans cette ville, j'appris par un fragment de l'*Athenæum* et
par mes lettres, que la discussion sur l'authenticité du « *Livre des
Sauvages* » se continuait avec acharnement, et que la plupart de mes
adversaires n'avaient pas reproduit ma réponse publiée par l'*Indépendance belge* et *le Temps*. J'ignorais pourtant encore l'étendue de
l'inqualifiable orage soulevé contre moi, et ne lui croyant aucune

---

(1) Cités par M. Rafn, dans ses *Antiquitates americanæ*, M. de Humboldt dans son
Cosmos et d'autres savants.

(2) Voir mon aperçu sur les origines américaines, dans le *Voyage pittoresque aux
grands déserts du Nouveau-Monde*. 1 vol. in-4°, avec quarante planches. Paris, 1861. —
Morizot, 5, rue Pavée-Saint-André.

portée sérieuse je ne voulus pas interrompre mes recherches archéolo-
giques. En arrivant à Paris je fus bientôt informé de tout le bruit
causé par la publication de mon « Manuscrit pictographique américain », et de la mauvaise foi dont on se servait pour attaquer ce
curieux monument de l'art graphique des Peaux-Rouges. Je me mis
aussitôt à recueillir les journaux, les revues et la brochure qui ridicu-
lisaient cette publication afin d'y répondre d'une manière satisfaisante,
et je reconnus dans cette polémique beaucoup de passion et de légèreté,
autant que d'erreurs et d'inexactitudes. Les attaques de mes contradicteurs me font supposer qu'ils connaissent très-peu le manuscrit cri-
tiqué, et pas du tout l'idéographie des Peaux-Rouges, qu'ils persistent
à confondre avec celle des Aztèques, malgré la différence énorme qui
existe entre les deux. Pourtant, comme parmi mes adversaires français,
allemands, anglais et belges je vois des personnes honorables qui semblent avoir les apparences de la conviction, et que j'ai toujours des égards,
sinon du respect, pour toutes les convictions quelles qu'elles soient, je
répondrai de mon mieux aux objections plus ou moins étranges qui
me sont faites.

J'ai remarqué que la presse anglaise, ordinairement si digne et si
convenable, s'était mise à la remorque de la presse allemande et voulait
ridiculiser un livre qu'elle n'a pas lu, comme elle le prouve par les
fausses assertions reproduites dans ses colonnes. Quant aux écrivains
qui font de la science de commande à raison de dix centimes la ligne,
je pourrais ne leur répondre qu'en leur délivrant un brevet d'incompétence ; mais je ne veux offenser personnne, et quoique mes travaux
ethnologigues me rapportent plus d'épines que de lauriers, je tiens
par dessus tout à prouver la vérité. Aussi célèbres que puissent être les
noms de mes contradicteurs dans la bibliographie, la littérature ou l'é-
rudition, je n'en vois aucun qui se soit illustré par des ouvrages sur
l'ethnologie américaine ou par des récits de voyages instructifs faits en
Amérique, et comme ces messieurs n'hésitent pas à m'accuser de m'être
trompé sur un sujet qui leur est tout à fait étranger et dont je m'occupe
constamment depuis seize ans, c'est-à-dire depuis mon premier voyage
dans le Nouveau-Monde, ils doivent trouver bien naturel qu'à mon tour
je leur donne quelques renseignements qu'ils ignorent sans doute et qui
modifieront probablement leurs idées sur l'importance du « *Livre des*

Sauvages. » En lisant avec attention et sans préjugé la notice qui précède le *Manuscrit pictographique américain*, on aurait vu que je n'ai pas fait en Europe mes études d'ethnologie indienne, et que les ayant commencées en Amérique, mon opinion dans cette matière devait avoir une certaine valeur. Mes compatriotes surtout, peut-être un peu trop enthousiastes de la science étrangère, et parfois trop sceptiques sur le mérite de nos productions nationales (comme si l'intelligence manquait en France), auraient dû peser toutes les pièces de ce procès, avant de donner gain de cause à mes contradicteurs d'outre-Rhin. J'aurais bien le droit d'être très-sévère dans ma réponse, car on ne mystifie pas aussi légèrement qu'on l'a fait, une foule de lecteurs qui n'ont pas les moyens de connaître la vérité ; et puis, on n'outrage pas aussi méchamment un homme qui a déjà fait ses preuves, sinon dans la même voie que suivent ces messieurs, du moins dans la même carrière. Mais lors même que mon caractère sacerdotal ne m'obligerait pas à pardonner les injures et les malveillantes insinuations, je ne me sers jamais de pareilles armes pour combattre mes adversaires et je me contenterai de démontrer leurs erreurs et la puérilité de leurs incroyables arguments.

D'abord, je prierai **M. H. Noé**, de la *Gazette d'Augsbourg*, de relire ma lettre du 7 juillet à l'*Indépendance belge* ; il y verra que je ne l'accuse nullement d'être un *méchant homme :* le mot est du correspondant du journal et non de moi ; car ce n'est pas mon genre d'insulter personne. J'en avais si peu l'intention que, doutant sérieusement de l'existence du *savant allemand,* dont parlait l'article, sans le nommer, je disais : « Je ne sais pas si le prétendu Allemand est un « méchant homme, mais je soupçonne un peu votre correspondant « d'avoir quelque intérêt dans le prochain jugement de l'Académie « pour le prix Volney. » En effet, la presse littéraire allemande s'étant toujours montrée sage et réservée dans sa critique, je ne croyais pas qu'un savant de ce pays classique pût écrire les lignes malheureuses qui ont mystifié la classe intelligente des lecteurs européens.

M. Noé m'attribue en outre une origine américaine : comme j'ignore la portée de cette assertion, je ne ferai qu'une seule remarque à son auteur ; c'est qu'elle manque de clarté ; car il y a tant de sortes d'Amé-

ricains : il y en a d'Allemands, il y en a de Français, d'Anglais, d'Espagnols, de Malais, de Mongols, etc. Si M. Noé veut dire que je suis
Sauvage d'origine, je lui répondrai que je les aime beaucoup, mais que
je ne le suis guère ; s'il veut parler des Américains saxons, je lui dirai
que j'admire sincèrement cette nation, mais que je n'en suis pas du
tout. Autant qu'on peut s'en rapporter aux traditions de famille, mes
ancêtres n'ont jamais vu l'Amérique, à moins que ce ne soit du temps
de Christophe Colomb. Je suis Français, grâce à Dieu, et je désire
avoir souvent l'occasion de le prouver.

M. L. Lalanne, de *la Correspondance littéraire* vient ensuite me
reprocher de me servir d'expressions qu'on ne devraient rencontrer dit-
il, que dans un livre de médecine. Il faut avoir une furieuse envie de me
critiquer ou bien peu d'érudition pour me faire un crime d'employer
des termes qui n'ont rien à faire avec des livres de médecine.
Quel est l'homme médiocrement instruit des rites et des cultes
païens, qui n'a pas lu mille fois dans chaque volume de ces his-
toires anciennes, les mots à moitié grecs ou latins, par lesquels les
historiens spécifiaient la nature de ces différents cultes si répandus
jadis, non-seulement en Égypte, mais encore en Europe, en Asie et
dans le Japon ; qui donc ignore que les Indiens du Nouveau-Monde,
depuis le nord jusqu'au sud, étaient adonnés à d'horribles déprava-
tions, au point que les historiens espagnols et français des seize et
dix-septième siècles, qui ont écrit sur les Indes occidentales et la Nouvelle-France, nous soulèvent le cœur par les tableaux qu'ils font des
mœurs de la généralité des naturels. Il fallait donc me servir de ces
termes que j'ai trouvés dans MM. Aubin, Lajard, Dulaure, l'expédition d'Égypte, et dans d'autres ouvrages d'un incontestable mérite,
contre lesquels la plume de M. Lalanne n'oserait pas s'élever.

Je voulais d'abord reproduire simplement le *Livre des Sauvages*,
sans aucun commentaire, mais craignant que la malveillance ne vienne
s'en emparer, pour m'accuser d'avoir fait une publication inconve-
nante, au lieu d'une publication scientifique, je me décidai à faire
précéder le manuscrit d'une notice sur l'art graphique des Peaux-
Rouges, et sur une partie de leurs pratiques plus ou moins occultes.
M. Lalanne, s'inquiétant fort peu de ces coutumes et ne faisant attention qu'aux scènes représentées par des figures grossières et aux mots

allemands, me dit encore que la présence des mots anglais ou allemands, que je signale dans ma notice, auraient dû suffire pour me
faire avoir des doutes sur l'origine du manuscrit. Je lui ai répondu
récemment, que s'il avait eu connaissance des nombreuses inscriptions
hiéroglyphiques que j'ai vu dans les déserts de l'Amérique, et dont la
plupart sont actuellement connues des archéologues américains, il aurait su que plusieurs de ces inscriptions sont accompagnées de signa-
tures ou de légendes en caractères alphabétiques et dans les langues
des premiers colons européens. Cela se conçoit parfaitement, quand
on sait le nombre de trappeurs, de voyageurs, de prisonniers ou d'enfants volés devenus sauvages au suprême degré et même chefs de
tribu, ainsi que le nombre plus considérable encore d'Indiens instruits
par des missionnaires français, irlandais, allemands, espagnols, et parlant, écrivant très-bien toutes ces langues. L'idéographie des Peaux-
Rouges est tellement primitive, que dans des sujets de longue haleine
ou des récits détaillés, il est difficile de s'exprimer d'une manière
exacte et complète tout à la fois, lorsque des caractères alphabétiques
ou phonétiques ne viennent pas aider la tâche de l'auteur. Aussi est-il
rare de trouver des événements compliqués et de quelque longueur,
racontés au moyen des inscriptions purement symboliques ou représentatives, et c'est à cette pénurie des moyens idéographiques que
nous devons l'absence de documents historiques d'un peu d'importance sur l'histoire des Peaux-Rouges (1).

En présence de ces faits, qu'il ne connaissait sans doute pas, il ne
trouvera plus étonnant que les inscriptions allemandes n'eussent pour
moi qu'un intérêt secondaire, je dirai même insignifiant, car ces inscriptions ne pouvaient indiquer que deux choses : ou que l'auteur,
quoique d'origine européenne, était parfaitement versé dans l'art graphique des Peaux-Rouges, ou, quoique sauvage, il avait été instruit
par un missionnaire allemand : dans l'un et l'autre cas le manuscrit
n'en restait pas moins le monument le plus curieux et le plus étendu
de l'idéographie indienne découvert jusqu'à ce jour, comme un manuscrit arabe est toujours un manuscrit arabe, quoiqu'il ne soit pas
prouvé qu'il fût écrit par la main d'un Bédouin. Ce qui devait naturellement le plus attirer l'attention des ethnologues américains, c'é-

<hr>

(1) A la Bibliothèque des échanges internationaux, chez son fondateur, M. Wattemare,
on peut voir des dessins originaux faits par des Indiens, ainsi que des lettres en anglais
écrites par des chefs de tribu.

taient donc les récits exprimés par les signes hiéroglyphiques, symboliques ou représentatifs, ce furent aussi ceux-là qui m'absorbèrent
davantage ; car, après tout, dès que nous abordons une langue écrite
en caractères connus, les difficultés d'analyse et d'interprétation deviennent très-minimes.

Pourtant si l'on persistait à m'accuser de n'avoir pas encore publié
la traduction des inscriptions alphabétiques, je dirai que ma notice
sur ce sujet et les interprétations qu'on lira plus loin étaient prêtes
dès le mois d'avril, et, quoique le Ministre d'État, M. Fould, m'eût
donné trois ans pour cette publication, mon éditeur s'est constamment refusé de les imprimer, n'y attachant aucune importance,
et le manuscrit étant déjà publié depuis un an. La *Revue orientale et
américaine*, à laquelle je les avais donné avant mon départ pour l'Irlande, s'est également refusée de les insérer dans ses colonnes pendant
mon absence, à cause de ces attaques. Dans tout cela, je ne suis coupable que de ne pas avoir assez de fortune pour imprimer mes propres ouvrages, et j'en suis réellement très-fâché. Si mon éditeur eût
voulu prendre 200 fr. sur la souscription ministérielle ou sur les bé-
néfices de la vente, ou bien si la *Revue orientale et américaine* eût été
moins timide, ma notice aurait paru depuis longtemps, personne
n'aurait parlé du manuscrit, et mon livre serait actuellement enseveli
sous cette noble poussière dont parle **M. Edmond Texier**, dans son
charmant article du 14 juillet.

Quant à la brochure de Dresde qui a pour titre : « *le Livre des
Sauvages éclairci par la civilisation française*», ce n'est qu'un igno-
ble pamphlet, surtout contre la France, et mon manuscrit sert à l'auteur de prétexte pour déverser sur notre pays toute la bile haineuse
d'une jalousie nationale et mal déguisée. **M. Petzholdt** commence par
attaquer le discours de **M.** le comte **Walewsky**, prononcé à l'occasion
de la dernière exposition des beaux-arts, et dans lequel son Excellence
dit : Que la civilisation de l'Occident porte le cachet de la civilisation
française. J'avoue que ce n'est pas ma faute si la civilisation moderne
porte un cachet français ; mais si l'amour-propre national de **M.** Petzholdt en est froissé, c'est à lui de prouver le contraire, et je ne vois
pas quelle raison il peut avoir pour changer une question scientifique
en un injurieux libelle contre notre gouvernement, parce qu'il protége

les sciences, les lettres et les arts ; peut-être pas assez au gré de nos
désirs patriotiques, mais certainement autant, sinon plus, que les autres gouvernements. M. Petzholdt devrait savoir que la France, toujours généreuse envers les étrangers, leur accorde toujours une noble
hospitalité; qu'elle leur ouvre à toute heure des portes souvent fer-
mées, à nous Français, et que plusieurs fois nous avons envoyé, surtout aux savants allemands, des caisses de nos plus précieux manuscrits orientaux pour les consulter, et que nous les avons même aidé
dans leurs magnifiques publications. Mais la France ne compte pas
plus sur la reconnaissance des individus que sur celle des peuples; et
la malveillance de M. Petzholdt ne changera rien dans sa noble con-
duite (1). Malgré les insultes personnelles dont le pamphlétaire me
gratifie, je lui répondrai tout aussi bien que s'il était convenable
dans son langage.

Maintenant, après ces préliminaires indispensables, arrivons à la
critique du livre. On dirait que ces messieurs se sont tous copiés, tant
ils sont unanimes sur le point fondamental, c'est-à-dire sur l'origine
du manuscrit; car en commençant par M. Lalanne, voilà ce qu'il dit :
« La première pensée qui vient à l'esprit en jetant les yeux sur les
« dessins du livre, c'est qu'il est l'ouvrage d'un enfant.....; ce qui me
« semble ne point permettre d'hésitation sur l'âge de l'artiste, c'est la
« répétition fréquente de *certaines figures indescriptibles* trop chères
« aux gamins, et qui trahissent une imagination que n'a point encore
« éclairée l'expérience. (*Correspondance littéraire du 10 juillet.*)
· Je regrette que l'auteur ne nous ait pas expliqué ce qu'il voulait
dire par *figures indescriptibles*, et ce qu'elles sont; mais ce genre de
critique est commode, il donne l'air de comprendre une chose à laquelle on n'entend rien du tout!!! Nous lisons dans le premier article
de la *Gazette d'Augsbourg* du 23 juin, et reproduit par la *Gazette de
Voss* : « J'avais déjà vu *beaucoup* de *fac-simile* et de photographies
« de l'*art des autochtones d'Amérique*, et je n'étais pas peu curieux
« de cette publication. Comment décrire mon étonnement, et c'est

(1) Cela me rappelle que, dernièrement, l'Angleterre ne voulut point envoyer en Irlande certains manuscrits celtiques que les érudits de Dublin voulaient copier, tandis que
la Belgique, plus libérale, leur expédia ceux qu'elle possédait, aussitôt que la demande
en fut faite.

« bien peu dire, quand de planche en planche je ne vis rien d'autre
« que les figures bien connues comme les barbouillent nos enfants...
« En un *clin d'œil* on s'aperçoit qu'on n'a rien de plus ni rien de
« moins devant soi qu'un cahier de barbouillage d'un enfant de cinq
« à sept ans, qui contrefait tant bien que mal ce qu'il voit autour de
« lui; cet enfant était celui d'un colon allemand... »

Les raisonnements de ce genre sont admirables (mais trop connus),
car en disant l'*art des autochtones de l'Amérique*, on ne se compromet
pas et l'on laisse au lecteur le soin de s'informer de quel art, de quels
autochtones et de quelle partie de l'Amérique l'auteur veut parler; car
l'Amérique est assez grande, les autochtones sont assez différents et
variés (comme races), et les arts assez nombreux pour que l'auteur
rencontre juste au moins sur ce point. En un *clin- d'œil* il a vu combien pouvait lui servir cette manière de parler.

Le pamphlet de Dresde répète les mêmes choses, mais avec un style
de... pamphlet. « Il est *prouvé*, dit-il, que tant de perte de temps et
« d'argent a été prodiguée à l'œuvre barbouillée d'un garçon allemand
« mal élevé. Le *premier regard* conduit à cette conviction. Naturelle-
« ment cette production doit son origine (comme il faut le conclure
« des *obscénités souvent étalées*), à la main d'un garçon, quoique
« élevé dans la religion chrétienne et *probablement* catholique... Il a
« eu certainement par la vie dissolue des colons des choses sous les
« yeux qui, en deçà de l'Océan, règle générale, ne se rencontrent que
« dans la boue du prolétariat. »

Après la politique, M. Petzholdt fait de la religion avec le même
à propos et la même dignité; puis il injurie et les colons allemands de
l'Amérique, et le prolétariat allemand de l'Europe. Quant à la boue
dont il parle, elle n'existe que dans son imagination, car je connais
aussi bien que personne les colons allemands du nord au sud et de
l'est à l'ouest de l'Amérique septentrionale. Pendant trois ans je
fus le pasteur d'environ dix mille colons, venant de tous les côtés de
l'Allemagne, et parlant tous les dialectes tudesques imaginables ; mon
ministère m'obligeait à me mêler à leur existence autant que possible,
et toujours j'ai trouvé ce peuple moral, honnête, instruit et laborieux.
Or comme ce n'est pas en Amérique qu'il se forme ainsi, je crois ces
inculpations tout à fait gratuites et sans fondement. Je passe sous silence cette méchante insinuation sur le catholicisme qui a civilisé le
monde corrompu, et n'a pas encore corrompu personne. Mais passons.

L'*Athenœum* enfin, brochant sur le tout, répète ce que les journaux

allemands et français ont avancés, il ajoute quelques réflexions rail-
leuses et politiques dans le genre *Petzholdt*, et nous raconte bravement
que « M. Lacroix, dit dans sa préface, qu'il ne prétend pas interpréter
les hiéroglyphes, etc. » Or comme il n'y a pas de préface, et que, par
conséquent, M. Lacroix n'a pas dit cela, on voit à quel point cette polémique est impartiale et savante. Mais encore, passons là-dessus, et
donnons d'abord sur le manuscrit les explications que demande la
Gazette d'Augsbourg, et dont elle n'aurait pas besoin si elle avait
étudié le livre et réfléchi sur ma notice qui le précède; elle verra que
tout n'est pas facile dans cette tâche, et que même après cette brochure,
le dernier mot sur le manuscrit ne sera pas prononcé.

M. de Paulmy reçut ce livre avec un dictionnaire iroquois, et c'est
de sa propre main qu'il écrivit sur un catalogue « *Livre des Sauvages.* » Or, Messieurs, il vous faut une bonne volonté pour croire
qu'on eût pu mystifier un homme d'élite et savant comme l'était le
marquis, qui recevait des cadeaux de ce genre de tous les célèbres voyageurs et missionnaires, venant de toutes les parties du monde, et qu'on
pût lui faire passer le *barbouillage* d'un gamin pour l'œuvre curieuse,
unique, d'un sauvage. Le dictionnaire iroquois donné en même temps,
quoique fort mal arrangé, est l'œuvre d'un homme connaissant à fond
les mots et le génie de cette langue, son orthographe même s'accorde
parfaitement avec tous les documents que je possède sur ce groupe de
peuplades indiennes, et son auteur n'avait pu le composer qu'après un
long séjour dans les pays occupés par cette confédération. Cet ouvrage
me paraît déjà une garantie de la valeur du manuscrit pictographique.
Un livre aussi précieux que l'est ce dictionnaire ne pouvait être ac-
couplé au cahier d'un enfant : le donateur et M. de Paulmy n'étaient
pas assez simples pour s'y tromper, lors même qu'ils n'eussent pas été
sûrs de l'authenticité de l'origine. Voici d'autres renseignements qui
ne sont pas sans importance. M. Margry, du ministère de la marine,
chargé par le gouvernement de réunir les documents relatifs à nos
premières colonies françaises, en fit décalquer quelques pages pour les
joindre aux dessins qu'il devait publier sur la Nouvelle-France, et
M. Catlin, qui visita la Bibliothèque de l'arsenal en compagnie du
savant archiviste, lui déclara que ce manuscrit devait être l'œuvre
d'un vieil Huron ou d'un Iroquois. Plus tard on en fit une copie
pour une des bibliothèques royales du Canada, et il fut brûlé dans l'in-
cendie qui détruisit la bibliothèque. Enfin M. Angrand, célèbre anti-
quaire et consul de France à New-York pendant vingt-cinq ans,

examina le manuscrit, l'interpréta comme nous, mais ne le fit point copier parce qu'il ne le trouvait pas assez ancien. Il me semble que voilà bien des personnes compétentes mystifiées comme moi.

Vous assurez que les signes ne sont que les barbouillages d'un enfant; mais à qui feriez-vous croire qu'il puisse exister au monde un enfant assez dépravé pour peindre les scènes représentées dans ce livre ; quelle est l'imagination assez féconde pour varier à un tel point les sujets et les signes hiéroglyphiques, auxquels vous ne comprenez rien. Vous dites bien qu'un petit bonhomme représente les figures tracées par nos gamins sur les murs , que les croix représentent des croix, les chandeliers des chandeliers; vous expliquez aussi les noms propres et les mots allemands, qu'un Bavarois en nourrice lirait aussi bien que vous; mais il y a 228 pages au manuscrit, pas une ne se ressemble. Moi qui ai vu dans les déserts, comme dans les livres américains, des centaines d'inscriptions hiéroglyphiques, et qui étudie ce sujet depuis tant d'années, je trouve dans ce manuscrit bien des signes que je ne connaissais pas , et nous tous ensemble nous nous laissons battre par un enfant *mal élevé*, un enfant de votre pays? Allons donc, Messieurs, vous n'êtes pas forts, ou décidément ce garçon-là ne ressemble pas aux polissons allemands de M. Petzholdt, pas plus que ces barbouillages ne ressemblent à ceux que vous voyez sur les murailles de Munich, de Dresde et de Berlin, sinon, vous vous seriez empressé d'interpréter ces signes ; car je dis dans ma notice, page 75 : « Nous laissons le champ de la « discussion parfaitement libre et nous adopterons même volontiers « toute interprétation contraire à la nôtre, lorsqu'elle nous sera dé- « montrée clairement et posée sur des bases solides, etc. » Mais je crois qu'il vous était plus facile d'affirmer que de prouver vos étranges assertions. Vous avez laissé de côté les hiéroglyphes auxquels vous ne compreniez rien ; vous avez à peine effleuré les signes symboliques ou représentatifs , auxquels vous ne compreniez guère plus, et vous ne vous êtes arrêté que sur les mots allemands, où vous ne brillez pas davantage comme vous le verrez tout à l'heure.

Je ne suis pas étonné que vous trouviez embarrassant les signes hiéroglyphiques ; si vous aviez bien examiné le manuscrit , vous auriez vu que l'auteur lui-même était souvent embarrassé pour exprimer ainsi sa pensée, soit que ses souvenirs lui fissent défaut, soit qu'il ne fût pas bien sûr que les signes dont il se servait représenteraient exactement ce qu'il voulait consigner dans son livre. En effet, vous avez dû remarquer dans le manuscrit une multitude de morceaux de papier collés sur les pages; j'en ai compté cent cinquante, et comme quelques-uns se détachaient facilement de la page sur laquelle ils étaient superposés, je me suis aperçu que l'auteur du livre, manquant probablement de moyen d'effacer des signes déjà écrits, collait sur ces signes des fragments de papier coupés selon ses besoins, et traçait sur ces fragments des signes nouveaux. Ce genre de correction se trouve surtout au commencement du livre qui traite des coutumes secrètes des *Ouabinos* et où ne se trouve presque aucune inscription allemande; plus loin, lorsque le christianisme est en question et les inscriptions allemandes nombreuses, ces changements sont moins fréquents. Comme vous ignorez la nature de ces corrections, je vais vous indiquer celles que j'ai pu examiner.

P. 16. La figure 4 (pl. 1) a été changée à cause de la couleur du cercle inférieur qui était rouge primitivement.

P. 20. L'auteur a corrigé deux fois (toujours par la superposition de morceaux de papier) les fig. 1, 2, 8 et 4.

P. 24. Les fig. 8, 3, 5 et 2 sont ajoutées, et ceux de la première ligne sont en partie effacées avec une matière végétale encore adhérente à la page.

P. 28. Entre les deux figures de la première ligne, l'auteur a effacé un hiéroglyphe qu'il avait placé, et il a ajouté les signes 16, 1, 2 et 4 qui ne s'y trouvaient pas.

P. 29. La partie inférieure de la dernière figure de la première ligne, qui ressemblait à la première, a été effacée, et le signe 5 ajouté.

P. 37. Les signes 7 et 4 ont été effacés du milieu de la page, et les signes 3 et 5 ont été ajoutés en haut.

P. 39. Le dernier signe et la figure humaine qui tient un arc dans la main ont été ajoutés.

P. 40. La fig. 5 a été ajoutée.

P. 41. La moitié de cette page a été corrigée différentes fois et finalement effacée.

P. 42. La fig. 17 a été ajoutée.

P. 43. La fin de la page a été effacée.

P. 45. Les fig. 1, 6, 2, 3 et 4 ont été effacées.

P. 46. Les fig. 11, 1 et 2 ont été ajoutées.

P. 48. La fig. 11 a été ajoutée.

P. 49. Les fig. 10, 3, 2 et 8 ont été ajoutées ; la fig. 7, changée deux fois et finalement laissée.

P. 51. La fig. 4 a été remplacée par la fig. 8. Je n'ai pu constater les changements du bas de la page.

P. 52. Un morceau de papier rouge cache les fig. 9, 1 et 1, la fig. 3 a été effacée, et les fig. 8, 5 et 2 ont été ajoutées.

P. 53. La fig. 5 a été effacée ; cette page et plusieurs autres qui suivent sont remplies de changements, témoignant de la difficulté que rencontrait l'auteur pour exprimer clairement le sujet qui l'occupait.

P. 64. La fig. 15 est en partie effacée, et les fig. 5 et 4 sont totalement cachées.

P. 66. Une inscription a été effacée.

P. 67. La fig. 14 a été enlevée du premier bonhomme de la dernière ligne.

P. 69. Les fig. 5, 2 et 4 ont été ajoutées.

P. 70. Cette page contient plusieurs changements.

P. 72. Cette page renferme six corrections. Les fig. 6, 16 et 2 remplacent des signes effacés avec le doigt mouillé. Les fig. 17, 5, 2 et 4 ont été ajoutées.

P. 77. Au-dessous du morceau de papier blanc en découvre une figure humaine, à yeux rouges, comme les deux premières de la troisième ligne.

P. 82. La fig. 18 n'était pas primitivement dans le manuscrit, l'auteur l'y a ajouté ainsi que le signe hiéroglyphique suivant, qui remplace les fig. 17, 2 et 8.

P. 86. Figures humaines, d'abord effacées, puis remises.

P. 91. Plusieurs figures effacées, et les signes 8, 5 et 2 ajoutés.

P. 93. Cette page a été toute refaite.

P. 95. Les fig. 7, 6 et 2 remplacées par les fig. 5, 1 et 2.

P. 97. La fig. 5 remplace la fig. 6.

P. 98. Les fig. 5, 14, 2 et 4, d'abord effacées, sont remises.

P. 104. Les deux ajoutures du bas de la page cachent l'inscription suivante : NACH MEINEM, et au-dessous, des caractères effacés, dont je n'ai pu reconnaître que LLEN.

P. 108. Les fig. 11 et 12 ont été ajoutées sur le cercle primitivement en blanc, et le tiers de cette page a été refait.

P. 109. La fig. 5 remplace une figure humaine.

P. 117. Le mot LIF est placé sur un signe effacé.

P. 128. La deuxième figure humaine.a été modifiée deux fois, et les signes 9, 1 et 1 sont ajoutés.

P. 129. Les fig. 6, 3 et 4 remplacent les fig. 10, 2 et 4 qui précédaient une inscription dont les mots GERN GESORND sont seuls lisibles.

P. 139. Une figure et des anneaux remplacés par les fig. 8 et 4.

P. 144. Les fig. 1, 17 et 2, effacées.

P. 160. Les fig. 7 et 3 modifiées deux fois et remplacées par les fig. 10 et 2.

P. 174. Toute la deuxième ligne, sauf un signe, est effacée avec le doigt mouillé.

P. 176. Plusieurs signes effacés de la même manière et remplacés par la fig. 9. Dès la page 170 l'auteur efface souvent ces signes avec le doigt mouillé.

P. 184. Les fig. 1, 10 et 2 remplacées par la fig. 5; et au bord de la page, la fig. 4 est remplacée par la fig. 11.

P. 186. Les fig. 11 et 3 sont ajoutées dans un sens horizontal.

P. 191. Cette page est en partie refaite.

P. 220. Moitié de la page refaite.

Vous avouerez, Messieurs, que si ce manuscrit était l'ouvrage d'un enfant, il ne se serait pas donné la peine de coller peut-être deux cents morceaux de papier (1) sur certains signes et de les remplacer par d'autres; si ces signes n'avaient aucune signification, aucune valeur, pourquoi donc les changer si souvent, et quelquefois les remettre après deux corrections faites. Non; malgré toute votre assurance et votre partialité, je crois encore trop à votre intelligence, à votre esprit d'analyse, à votre bonne foi, pour n'être pas persuadés que vous doutez maintenant beaucoup de vos assertions légères et que vous regrettez le ton ironique et tranchant que vous avez pris dans cette question.

Mais puisque nous sommes sur le chapitre hiéroglyphique, répondons à vos timides observations sur ce sujet. La *Correspondance littéraire*, dans les quelques lignes qu'elle consacre à la partie symbolique ou représentative, voit une scène *immonde* à la planche 11 où,

____

(1) Le manuscrit, très-détérioré, tombe en poussière, et je n'ai pu m'assurer du nombre de pages manquantes.

sur 29 figures humaines, il n'y en a qu'une seule indiquant ostensiblement son sexe. **M.** Lalanne trouve étrange que j'appelle cette scène *mystique ;* mais, lors même qu'elle serait immonde (ce qui n'est pas), elle pourrait être mystique en même temps ; car il me semble que les mystérieuses cérémonies des Égyptiens, de la Rome et de la Grèce païennes, ainsi que celles des *autochtones de l'Amérique,* ne brillaient pas toujours sous le rapport de la décence et de la morale, et que le mystère convenait très-bien à toutes ces obscénités ; mais comme **M.** Lalanne se contente de jeter le scepticisme dans l'esprit de ses lecteurs et qu'il ne nie pas mes interprétations, je passe à **M.** Petzholdt, qui est beaucoup plus explicite, non pas dans ses interprétations, mais dans ses injures, qui me feraient supposer qu'il sort de la même école que ce jeune colon, dont il parle en termes peu... scientifiques.

D'abord, je dirai à **M.** Petzholdt que ce n'est pas loyal de vouloir donner au public une idée du manuscrit pictographique en en détachant par ci, par là des signes isolés et ceux qui convenaient le mieux à sa déplorable thèse ; c'est en agissant ainsi, en prenant çà et là différents textes de l'Écriture sainte, qu'on a fait de la Bible une source de dissension et le fondement des doctrines religieuses les plus contradictoires ; mais avec l'honorable auteur du pamphlet de Dresde, il ne faut pas être méticuleux sur les convenances ; il comprend mieux les tristes sentiments qui divisent parfois les nations que l'urbanité des rapports qui devraient les rapprocher. Quant à moi, j'aurai la loyauté de reproduire les figures auxquelles il fait allusion, sauf celles qu'on ne *doit pas* publier dans une brochure, bien qu'elles trouvent leur place dans un livre scientifique et lu seulement par des savants qui ne voient pas toujours des obscénités dans certaines représentations symboliques.

« Si l'on passe, dit **M.** Petzholdt, au troisième tableau, on rencontre
« sous 28,30 avec l'inscription *honig* (miel), le rayon (gaufre) de miel,
« *peut-être* même le pain d'épice très aimé en Allemagne et la cruche
« pour la conservation du miel. On voit 29 *fassdtag* (jour de jeûne),
« trois personnes, chacune avec les anneaux (de pain) *dans les mains,*
« tels qu'ils sont usités pendant le carême. La quatrième et dernière
« image représente des cuillères. » (Fig. 31. — **M.** Lalanne penche pour les ciseaux et **M.** Noé ne me contredit pas, mais il voit aussi des cuillères, non pas dans les signes de **M.** Petzholdt ; mais dans ceux du riz sauvage ou d'autres graminées de ce genre). **M.** Petzholdt a de très bons yeux pour voir des mains aux figures que j'ai fait décalquer sur

celles de son pamphlet ; mais ne soyons pas exigeants et continuons cette
naïve lecture : « Le quatrième et le cinquième tableaux donnent des
« preuves des dessins grossiers tels qu'on les remarque produits par
« de jeunes gens : des figures humaines d'une exécution la plus enfan-
« tine, fig. 32, des feuilles ; 33 et 35 des animaux ; 36 des vaisseaux,
« au dessous 38, on voit égorger un animal. Le fusil 39, dans des
« mains d'homme, 41, qui sont placés comme ennemis, les uns contre
« les autres. » — Eh bien j'espère que voilà de la science : M. Petzholdt a dû interpréter ces choses au *premier coup d'œil*. Qu'on vienne
dire maintenant que les savants allemands n'ont pas de la profondeur
dans les vues. Après ce grand effort d'imagination, le bibliographe
ajoute une facétie de bon goût, suivie d'une grosse bévue : « Sous 43,
« on voit une exécution bien connue des enfants, dit-il, en parlant des
« verges, Si l'auteur en avait essayé les effets dans son enfance, il ne
« s'y serait pas trompé. La reminiscence des verges l'aurait guéri de
« tous ses rêves somnambules sur la pictographie *aztèque*. » Comme
on le voit le pamphlétaire de Dresde, ne connaissant pas plus l'idéographie des Peaux-Rouges que celle des Aztèques, les confond toujours,
quoiqu'elles ne se ressemblent pas. Aussi, je le prierai de s'adresser
à mon ami et collègue, M. Aubin, qui lui donnera sur les Aztèques
et l'idéographie mexicaine, tous les renseignements qu'il voudra.
« Si l'on a prétendu, poursuit « l'impartial bibliographe, que l'ori-
« gine est due à un polisson, enfant des colons, on peut s'en persuader
« par les obscénités qui se répètent souvent. *On pourrait en être étonné*
« *et en douter* (de l'origine du livre) *à cause* de l'âge » (de l'enfant).
« Admirable aveu. « Mais on rencontre de pareilles choses chez les
« enfants en bas âge, qui reçoivent leur éducation de la France. On voit
« même de pareilles obscénités par ci, par là, sur les murailles, preuve
« que de telles représentations ne sont pas étrangères au monde en-
« fantin. Aussi cela doit moins étonner chez un garçon dans les forêts
« de l'Amérique, quoique (il est naïf le *quoique*), il n'ait pas joui des
« bienfaits de la civilisation française comme (cela se rencontre) *chez*
« *nous* dans les habitations du prolétariat, et *certainement* dans le
« foyer de la civilisation française, à Paris. » Au milieu de ce triste
galimatias, M. Petzholdt ne s'aperçoit pas que dans sa haine aveugle
et son animosité méchante et somnambulique, il retourne l'arme contre
lui-même, car le jeune polisson dont il parle ici n'a pas écrit en français, mais bien en allemand, et s'il a jamais existé ailleurs que dans le
cerveau des savants d'outre-Rhin et de M. Lalanne, c'est dans la Souabe

protestante qu'il faut aller le chercher. Mais n'oublions pas qui nous sommes et laissons à ces messieurs le triste honneur de ne savoir pas discuter sans injurier leur adversaire. Les injures sont des armes de mauvais aloi et le pire de tous les. arguments ; elles montrent la faiblesse et l'intention de ceux qui s'en servent, et l'homme honnête, impartial ou franc croirait s'abaisser en en faisant usage.

Après avoir insulté de nouveau notre patrie, notre littérature et notre gouvernement, l'auteur du pamphlet jette un peu de bave sur le catholicisme, et conclut, des signes chrétiens qui se trouvent dans le manuscrit, que l'interminable polisson était catholique. Je dirai pourtant, afin de ne rien omettre, que M. Petzholdt trouve dans les figures 63 et 64, l'enlèvement d'une âme par un diable ; « mais le plus « beau, dit-il, est p. 3, où l'auteur a pris une saucisse avec ses deux « bouts pendants, pour le symbole du ciel.» Il attaque ensuite la distribution du manuscrit en quatorze chapitres, ainsi que ma traduction, puis il ajoute gracieusement à mon adresse : « L'éditeur doit avoir été « dans un état de somnambulisme où l'on voit des choses qui sont in— « concevables pour les hommes qui ont *conservé la raison*. » On ne sait vraiment que répondre à des politesses de ce genre. Je demande pardon à mes lecteurs de leur faire entendre un pareil langage; mais ils ne doivent pas oublier que c'est de la *traduction*, et quoique la *Correspondance littéraire* soit très-habile dans ce genre de polémique, je suis heureux de constater qu'en France nous ne parlons pas ordinairement ainsi. L'auteur du pamphlet termine en plaisantant sur mes interprétations, et comme il paraît aimer beaucoup la saucisse, il en met partout ; pour lui, la saucisse c'est son faible ; il en veut à tout prix, et l'on verra plus loin que n'en trouvant pas assez dans les signes hiéroglyphiques, il en met encore (comme mes adversaires), jusque dans les mots allemands.

M. Petzholdt taxe d'arbitraire mon explication des hiéroglyphes. Et de quel droit, lui demanderais-je, se pose-t-il en censeur? Sa brochure ne prouve-t-elle pas une ignorance complète, non-seulement de l'idéographie des Peaux-Rouges, mais en général de tout ce qui concerne les Indiens du Nouveau-Monde? Que l'auteur du pamphlet soit un grand bibliographe, un grand savant même, je l'admets, je l'en félicite, et j'aurai toujours la plus grande déférence pour les questions littéraires ou scientifiques dans lesquelles il peut exceller ; mais vouloir me donner, à moi, des leçons d'idéographie indienne, allons donc, Monsieur Petzholdt, vous plaisantez ! C'est comme si je voulais ensei-

gner la langue et l'histoire mexicaines à M. Aubin et à l'abbé Brasseur
de Bourbourg. Non, Monsieur, je ne reçois de leçon, sur ce sujet, que
des ethnologues américains, n'importe leur *origine*, mais connus par
leurs ouvrages et leur long séjour dans les déserts de l'Amérique septentrionale fréquentés par les Peaux-Rouges.

Arrivons maintenant au deuxième article de la *Gazette d'Augsbourg*, dont la critique est sinon plus sérieuse, du moins plus convé-
nable. M. Noé se sert d'une singulière logique pour nier l'authenticité
du manuscrit; il prend le dernier paragraphe de ma page 36, dans
lequel, après avoir constaté la brièveté des inscriptions indiennes de
l'Amérique du Nord, je dis : « Ceci devait nous faire *supposer* que les
« Indiens ne s'étaient jamais donné la peine de produire aucun monu-
« ment manuscrit de longue haleine, car depuis trois siècles on n'en a
« pas découvert un seul nulle part (1). » Comment, parce qu'on n'a pas
trouvé une chose pendant trois siècles, cette chose doit naturellement ne
pas exister? Mais, alors, il faut retrancher le mot *découverte*, des dic-
tionnaires de toutes les nations civilisées. Il me semble au contraire que
ma *supposition* ne fait que relever l'importance du manuscrit, encore
unique dans son genre. « Dans tout le livre, ajoute M. Noé, on ne trouve
« aucun rapport aux manuscrits d'une pareille nature. » Ici je dois interrompre ma citation pour faire remarquer à l'auteur, ou qu'il confond aussi le manuscrit pictographique des Peaux-Rouges avec les
peintures mexicaines et les hiéroglyphes phonétiques de l'Amérique
centrale, ou qu'il se contredit; car si les Peaux-Rouges ont produit
d'autres manuscrits, celui de la Bibliothèque de l'Arsenal n'est pas le
seul, et je défie l'auteur de m'en citer un qu'il puisse comparer
avec celui que j'ai publié. Mais continuons : — « On ne trouve aucun
« rapport aux manuscrits d'une pareille nature, au langage, aux cou-
« tumes, aux habitudes des indigènes. Le texte ne consiste que dans
« l'interprétation arbitraire et symbolique de quelques lignes ou d'un
« croquis mal indiqué par quelques lignes, et dans l'indication apo-
« dictique et non raisonnée d'un visage ridiculement barbouillé, comme
« personnification de tel ou tel principe... Pour quelqu'un qui les
« regarde (les dessins) seulement quelques moments, et qui les com-
« pare avec ceux dessinés sur des écorces d'arbre, sur les peaux de
« buffle, sur des *parchemins*, sur des pierres contenant des figures

(1) M. Noé, dans une note sur ce passage, dit formellement que je déclare qu'il n'y en
a pas. On voit que ma *négation* se borne en une *supposition*, dans mon texte.

« quoique grossières mais authentiques, cette discussion est la plus
« superflue du monde. La ressemblance des figures de ce livre avec
« les autres ne peut être trouvée que par le penchant sanguin et riche
« de **M.** Domenech, *qui est Américain d'origine.* »

Pour démontrer la communauté des scènes représentées par le manuscrit avec les coutumes indiennes, **M.** Noé n'a qu'à lire les relations
des voyageurs espagnols et français du seizième et du dix-septième siècle
à ce sujet ; la bibliothèque de Munich doit en posséder quelques-uns ; je
ne puis reproduire, dans une brochure, les citations de ces historiens,
à cause de l'obscénité de ces récits. Dans la collection de **M.** Ternaux-
Compans, on trouvera des coutumes d'une immoralité révoltante, et
contre lesquelles les chefs mêmes et les souverains de la plupart des
nations américaines s'élevaient par des flétrissures, des lois et des châ-
timents. Je ne sais si la conquête espagnole a détruit toutes ces hor-
reurs, mais nous trouvons encore des historiens qui nous en révèlent
une partie. En effet, le P. Lafiteau, dans son livre intitulé : *Mœurs
des sauvages américains comparées aux mœurs des premiers temps,*
pag. 603-608 du 1ᵉʳ vol., nous dit : « L'*Athenrosera*, ou les amitiés
« particulières entre les jeunes gens, qui se trouvent établies à peu
« près de la même manière d'un bout de l'Amérique à l'autre, sont
« un des points les plus intéressants de leurs mœurs, parce qu'elles
« renferment un des articles les plus curieux de l'antiquité. » — « Ces
« liaisons d'amitié parmi les sauvages de l'Amérique septentrionale
« ne laissent aucun soupçon de vice apparent, *quoiqu'il y ait* ou qu'il
« puisse y avoir beaucoup de vice réel. Elles sont très-anciennes dans
« leur origine, très-marquées dans leur usage constant, etc.., »

Le P. de Charlevoix dit aussi dans son *Journal d'un voyage fait
par ordre du Roy dans l'Amérique septentrionale ; adressé à Mᵐᵉ la
duchesse de Lesdiguières*, p. 303 du 3ᵉ vol. : « Dans les pays méri-
« dionaux ils gardent peu de mesures sur l'article des femmes, qui de
« leur côté sont fort lascives. C'est de là qu'est venue la corruption
« des mœurs qui depuis quelques années a infecté les nations sep-
« tentrionales. Les Iroquois en particulier étoient assez chastes, avant
« qu'ils eussent commerce avec les Illinois et d'autres peuples voisins
« de la Louysiane ; ils n'ont gagné à les fréquenter, que de leur être
« devenu semblables. Il est vrai que la mollesse et la lubricité étoient
« portées dans ces quartiers-là aux plus grands excès. On y voyait des
« hommes qui n'avaient point de honte d'y prendre l'habillement des
« femmes, et de s'assujettir à toutes les occupations du sexe, d'où s'en-

« suivait une corruption qui ne se peut exprimer... Ces efféminés ne
« se marient point, et s'abandonnent aux plus infâmes passions, etc. »
*Dans les Voyages de la Nouvelle-France occidentale dicte Canada
faits par le sieur de Champlain,* les mêmes turpitudes sont confir-
mées, et dans les *Mémoires de l'Amérique septentrionale, ou suite
des Voyages de M. le baron de Lahontan,* on lit, p. 142, vol. 2ᵉ, le
passage que vous m'obligez à reproduire malgré moi. « L'on trouve
« parmi les Illinois quantité d'hermaphrodites ; ils portent l'habit de
« femmes, mais ils font indifféremment usage des deux sexes. Ces Il-
« linois ont un malheureux penchant pour la sodomie, aussi bien que
« les autres sauvages qui habitent aux environs du fleuve de Missis-
« sipi, etc. »

Mais terminons ces citations, que vous auriez dû avoir la générosité
de m'épargner, en vous instruisant un peu des coutumes indiennes de
l'Amérique, avant de les nier aussi légèrement. Puisque vous parlez
des dessins qu'on trouve sur les écorces d'arbres, sur des peaux de
buffle et sur des pierres, je vais vous en montrer quelques-uns pour
les comparer avec ceux de mon manuscrit. Quant aux dessins sur par-
chemin, je n'en ai jamais vu ni entendu parler dans aucun livre américain, mais vous êtes si exacts et si heureux dans vos assertions,
que je crois celle-là comme les autres. Les figures 19, *a, b, c* de la
IIIᵉ planche, sont tirées de l'expédition scientifique de J. H. Simpson
dans le pays des Navajos, faite par ordre du gouvernement des États-
Unis, et publiée par ordre du congrès dans les *documents exécutifs
du sénat* (1ʳᵉ session, nᵒ 64, 31ᵉ congrès, vol. 14, année 1849-50).
Ces inscriptions hiéroglyphiques existent sur les parois de la gorge du
Chaco, près des ruines du Pueblo Chetho Kettle. Les figures 20, *a, b,*
se trouvent sur d'énormes blocs de grès, au commencement de la même
gorge. Les figures 21, *a, b, c,* représentent des peintures indiennes
copiées dans les *estuffas* du Pueblo des Jémez. M. Simpson ayant de-
mandé à l'un des chefs du nom de Hosta ce que signifiaient ces peintures, celui-ci lui répondit : « Les cercles représentent le soleil et la
« lune ; les demi-cercles signifient les nuages et les zigs-zags (que
« M. Petzholdt appelle des saucisses) représentent la foudre. *The em-
« blem of good lightning,* ajoute M. Simpson, *his represented in pencil
« upon my note-book as terminating more bluntly, thus* (fig. 21, *d*).
« Les deux figures humaines avec des trompettes dans la bouche
« (fig. 21, 6), il me les représenta comme les adjudants de Monte-

« zuma, qui sonnent (*who are sounding a call to him*) pour lui de-
« mander de la pluie. (1). »

Les figures 22 représentent les hiéroglyphes du rocher de l'El Moro,
près du *Pueblo* des Zuñis ; ces inscriptions symboliques et représentatives sont bien plus profondément gravées dans le rocher que les
inscriptions alphabétiques espagnoles ; c'est uniquement la raison pour
laquelle elles ont mieux résisté à l'action du temps, ce qui étonnait
plusieurs voyageurs, qui les avaient probablement regardées de la même
manière que vous avez regardé celles du manuscrit. Les figures 23, 24,
25 et 26, sont des inscriptions qui se trouvent sur les rochers d'Arch
Spring, de l'Ojo Pescado, du Rocky Dell, et que vous verrez dans le
compte rendu de l'expédition scientifique organisée pareillement par
ordre du gouvernement des États-Unis dans le « *Reports of explora-
tions and surveys from the Mississipi river to the pacific Ocean,* etc., »
faite sous la direction du ministre de la guerre, et par actes du congrès,
3 mars 1853, 31 mai 1854, et 5 août 1854 (vol. 13, P. T. 3, 33me
congrès, 2e session, documents exécutifs du sénat, n° 78). Vous en
verrez également une copie dans l'ouvrage de M. Boldwin Molhausen,
ainsi que des peintures du Rocky Dell. Au sujet de la figure 27, *b*,
M. Whipple, le chef de l'expédition, dit : « Cette figure est très ef-
« facée, et paraît très-ancienne. Elle occupe une part notable du ro-
« cher. La figure est nue, et la tête porte des appendices circulaires
« comme pour représenter d'énormes oreilles. Dans une main on voit
« un gros casse-tête, et dans l'autre une épée. Les couleurs sont rouge,
« noire et blanche. » Au sujet de la figure 27, *a*, il ajoute « qu'elle
« est de la même période ; c'est la représentation d'un être supérieur,
« avec des ailes, peut-être pour dénoter la spiritualité, et une main,
« signifiant qu'il est le créateur du soleil, qui paraît sortir d'elle. »

Mais pour en finir avec les inscriptions gravées ou peintes sur les
rochers, d'un caractère tout à fait *enfantin* et qui sont indubitablement l'œuvre d'adultes et de *medecin-man*, je ne vous renverrai
pas à mes divers travaux sur ce sujet ; je ne ferai que copier M. Schoolcraft, dont voici quelques figures décalquées sur son grand ouvrage
intitulé : *Historical and statistical information respecting the history,
condition ad prospects of the indian tribes of the United States ; collec-
ted and prepared under the direction of the bureau of indian affairs,*

(1) Voyez sur ce sujet l'ouvrage cité ci-dessus, page 67, et le *Voyage pittoresque dans
les grands déserts du Nouveau-Monde.* — Paris, Morizot, 5, rue Pavée-Saint-André.

per act of congress of march 3° **1847** by Henry R. Schoolcraft. LL.
D. publié par autorité du Congrès. Au sujet de la pl. 6, fig 42, et qui
se trouve sur un énorme rocher, à Esopus, dans l'État de New-York,
il dit : « Les lignes sont *profondément* et nettement gravées. C'est une
« double ligne. Les plumes sur la tête (M. Petzholdt y verrait les
« cornes du diable) dénotent un chef, un homme versé dans l'art indien
« médico-magique. M. Schoolcraft pense que cette colossale effigie est
une commémoration de l'introduction des armes à feu parmi les
tribus indiennes. Les fig. 43 *a* et *b* font partie d'une grande inscription médico-magique gravée sur un rocher escarpé de la vallée
San Pete, dans le territoire de l'Utah, voici ce qu'il dit au sujet de la
fig. 43, *a*. « Le pouvoir prophétique et sacré est assumé par cette figure,
« dont la tête, par une apparente élévation sur les épaules du chef,
« remplit la voûte du ciel. Et plus loin, en parlant de la fig. 43, *b* : Le
« magicien qui a une main et une aile, dénote l'union du pouvoir
« humain et ornithological, et l'emblème de l'autorité, fig. X,43 se trouve
« sur la tête de chacun. Les inscriptions (fig. 44) se voient sur un
« rocher de l'île Cumingham du lac Erié et appartiennent, toujours
« d'après le savant ethnologue, à la catégorie du *Kekeewin.* »

Que pensez-vous, Messieurs, de ces enfants qui couvrent les mon-
tagnes de l'Amérique de ces nombreuses et parfois gigantesques inscriptions, si semblables à celles du manuscrit pictographique ? Mais
laissons les hiéroglyphes et les petits bonshommes dormir dans leurs
lits de granit et voyons si la pictographie tracée sur des écorces d'arbre et des peaux de buffle diffère essentiellement de celle du « *Livre
des Sauvages.* » Pl. 7 est le *fac-simile* d'une chanson de chasse des
Chippeways ; voici sur cette chanson ce que dit dans sa cinquante-
huitième lettre M. Catlin, qui a peint d'après nature une multitude
d'Indiens de la vallée du Mississipi, et quoique ignorant la manière
d'interpréter leur idéographie, connaissait parfaitement leurs mœurs et
coutumes. « Ce curieux dessin est un *fac-simile* d'une chanson indienne,
« qui fut dessinée sur une écorce de bouleau, environ deux fois la
« grandeur de cette planche et en usage parmi les Chippeways avant
« une chasse-médecine (*a medecine-hunt*)... Plusieurs jours avant
« de partir, ces docteurs, qui sont *généralement* les seules personnes
« initiées dans ces profonds secrets, chantent en s'accompagnant du tam-

« bour, les chansons écrites dans ces caractères sur ces tablettes, et tous
« les chasseurs se joignent à la danse et font chorus, quoique *généralement*
« ils ignorent la traduction et la signification de la chanson. » Il ajoute
plus loin que « les hommes-médecine ne les révèlent que sous le sceau
« du secret le plus profond, seulement à ceux qui se sont rendus recom-
« mandables à la tribu par quelque service extraordinaire comme chas-
« seurs ou comme guerriers. » Plus haut, après avoir fait la description
du manteau d'un docteur Pawnee, il dit : « Sur les côtés on voit de
« nombreuses figures représentant curieusement sa profession, purgeant
« et faisant vomir ses patients avec des herbes. L'ours, son *totem*, est
« aussi représenté, ainsi que le lever du soleil et les différentes phases
« de la lune, auxquelles ces magiciens font une grande attention pour
« leurs opérations, leurs charmes et leurs mystères dans le traitement
« de leurs malades. »

Puisque vous dites, Messieurs, que mes interprétations sont arbitraires, je vais vous donner des spécimens de dessins et d'interprétations de M. Schoolcraft, et que vous trouverez dans son grand ouvrage,
surtout à la fin du premier volume. J'espère que vous ne récuserez
pas son autorité ; car, ayant demeuré très-longtemps, en qualité d'a-
gent officiel pour les affaires indiennes, parmi les tribus Algonquines,
et s'étant marié avec une Indienne, le gouvernement des États-Unis le
jugea, sur ce sujet, assez compétent pour lui voter, ce que j'ai ouï-dire,
un crédit de 300,000 piastres (un million cinq cent mille francs) pour
la gravure et l'impression de son ouvrage.

La planche 8-A représente un chant de chasse pictographié. Pour
ne pas vous ennuyer je ne citerai ni le texte indien de cette chanson,
composée de cinquante-trois couplets, ni mon interprétation ; mais je
vous donnerai celle de M. Schoolcraft, que je traduirai de l'anglais,
pour vous montrer le sens que les Indiens attachent aux figures (1).

Chant de chasse peint sur de l'écorce de bouleau.

N° 1. Un savant, Midé, peint avec des lignes ondulées (encore les
saucisses de M. Petzholdt) qui sortent de chaque oreille pour indi-

(1) Voir sur ce sujet notre ouvrage déjà cité.

quer son attention. — Chant. — *Maintenant je l'écoute* (le cœur probablement) *de mes amis les midés qui sont assis autour de moi..*

N° 2. Représentation de l'union symbolique d'un midé avec un oiseau, pour indiquer son pouvoir de locomotion. — Chant. — *Mes compagnons, qui fait promener l'Unishenauba? mes compagnons, ce sont les oiseaux qui font promener l'Unishenauba.*

N° 3. Loge d'un midé. — Chant. — *Je m'asseois à la place d'un midé, la loge de Monedo.*

N° 4. — La position de cette figure signifie le repos et le cercle au-dessus de la tête, un fardeau. — Chant. — *Je suis chargé de présents, je m'asseois pour me reposer.*

N° 5. Le plat rempli au-dessus de la tête symbolise l'eau. — Chant. — *Je puis faire descendre l'eau d'en haut, du ciel et de la terre.*

N° 6. Figure humaine barrée. — Chant. — *J'ai fait ressembler à la mort un homme,* — IDEM, *une femme,* — IDEM, *un enfant.*

N° 7. Abondance de bien dénotée par le cercle autour de la tête : le carré indique une femme de midé. — Chant. — *A moi-même je me fais du bien, à moi-même.*

N° 8. L'attention dénotée par les lignes ondulées (toujours les saucisses de M. Petzholdt). — Chant. — *J'écoute les paroles de votre bouche, vous êtes un mauvais esprit.*

N° 9. Symbole de la lune (1). — Chant. — *Je brille pendant la nuit.*

N° 10. Les rayons de la tête indiquent un esprit, et la raquette en main un midé. — Chant. — *Je suis un esprit, ce que j'ai je le donne à vous dans vos cœurs.*

N° 11. Le cercle autour de la tête dénote l'influence qu'il a dans le ciel. — Chant. — *Quoique vous parliez mal de moi — c'est en haut que sont mes amis.*

N° 12. Le cercle autour de l'abdomen dénote l'abondance, profusion. — Chant. — *Maintenant elles mangeront, mes femmes ! maintenant je les ferai manger.*

N° 13. — Une plume. — Chant. — *La plume, la plume, c'est le pouvoir.*

N° 14. — Un cœur percé d'une flèche. — Chant. — *Je tue ton cœur, homme.*

---

(1) Ce signe s'interprète au moins de trois manières, comme nous le verrons par la suite.

N° 15. Un oiseau. — Chant. — *Maintenant, je veux essayer mon oiseau, — autrefois il avait la puissance.*

N° 16. Manabozho assis. — Chant. — *Il est assis, le grand Manabozho, — son feu brûle pour toujours.*

N° 17. Une plante. — Chant. — *Je pense que vous enchantez ave le we-ne-ze-bu-oan.*

N° 18. Symbole d'une double tête de mort. — Chant. *Je viens d'en bas. — Je viens d'en haut, je vois l'Esprit, je vois les castors.*

N° 19. Un bon chasseur indiqué par un oiseau avec une tête de flèche. — Chant. — *Qui fait marcher le peuple vers les réjouissances? c'est moi.*

N° 20. Un cercle avec trois lignes horizontales et deux marques au nord et au sud en place des pôles. — Chant. — *Je puis faire passer sur terre le vent d'est.*

N° 21. — Un chien. — Chant. — *Avec mon medawin je puis tuer quoi que ce soit, même un chien.*

N° 22. Un serpent et un carré indiquant sa résidence en terre. — Chant. — *Voilà longtemps depuis que je suis allé dans la terre, vous êtes des esprits.*

N° 23. Un chevreuil. — Chant. — *Une bête! quelle est la bête qui appelle? c'est un chevreuil qui appelle.*

N° 24. Un ours. — Chant. — *J'ouvre ma peau de renard* (allusion sans doute aux sacs de médecine), *et le coup de mort doit s'en suivre.*

Comme vous devez être versé dans ce qui concerne les langues et coutumes des Indiens, je ne me suis pas permis d'ajouter entre parenthèses les mots français qui donneraient un sens complet et presque une suite aux couplets de la chanson; car vous savez que le langage indien est très-expressif, quoique laconique en même temps.

Le tableau B de la planche est le *fac-simile* d'un souvenir de l'expédition à la recherche des sources du Mississipi, il fut fait par les guides indiens sur une écorce de bouleau, pendant une nuit où l'expédition s'était égarée, et voici l'explication qu'en donne M. Schoolcraft. « Le n° 1 représente l'officier commandant les troupes de l'expédition. « Il est peint avec une épée pour indiquer son rang. Le n° 2 porte un « livre à la main pour dénoter qu'il est le secrétaire. Le n° 3 est « dessiné avec un marteau pour indiquer qu'il est minéralogiste. Les « n°ˢ 4 et 5 sont des attachés, et 6 l'interprète. Le groupe de figures, « marqué 9, représente huit soldats d'infanterie; chacun était armé

« d'un fusil, comme on le voit n° 10. Le 15 signifie qu'ils avaient un
« feu séparé, c'est-à-dire qu'ils mangeaient à part. Les figures 7 et 8
« représentent les deux guides chippeways ; ce sont les deux seules
« figures peintes sans le symbole distinctif d'un chapeau. *C'est un*
« *symbole caractéristique généralement employé par les indiens pour*
« *distinguer la race blanche de la rouge.* Fig. 12 et 13 représentent
« une poule de prairie et une tortue verte, qui furent prises hier et man-
« gées dans le camp. »

Mais comme le premier gamin venu pourrait interpréter cette
inscription, revenons aux chansons qui sont plus embrouillées :

Pl. 9—A, représente un chant de guerre dont je donne la traduction,
toujours d'après M. Schoolcraft, pour vous montrer que mes interprétations ne sont pas aussi arbitraires que vous le prétendez.

Pl. 9–A. CHANT DE GUERRE.

N° 1. Un guerrier peint avec des ailes pour montrer son activité et
sa volonté dans la marche. — Chant. — *Je désire avoir la vélocité de
l'oiseau pour fondre sur l'ennemi.*

N° 2. Il est représenté debout sous l'étoile du matin, qu'il a placée
comme sentinelle et qui doit déterminer ses entreprises nocturnes. —
Chant. — *Je regarde l'étoile du matin pour diriger mes pas.*

N° 3. Il est dépeint debout au centre du ciel avec son casse-tête et
sa raquette. — Chant. — *Je dévoue mon corps au combat.*

N° 4. L'aigle, symbole du carnage, fait le tour du ciel. — Chant. —
Je prends courage dans le vol des aigles.

N° 5. Il s'imagine être tué dans le champ de bataille. — Chant. —
*Bienheureux je suis d'être, ou je veux bien être au nombre des
morts.*

N° 6. Sous le symbole d'un esprit, dans le ciel il se console par la
gloire posthume qu'il doit acquérir. — Chant. — *Car alors mon nom
sera répété avec louange.*

Pl. 9—B. CHANT D'AMOUR.

Nº 1. Le chanteur se croit investi d'un pouvoir magique pour charmer le sexe, il se regarde comme un monedo et se peint ainsi. — Chant. — *Ce sont ma forme et ma personne qui me rendent grand.*

Nº 2. Il embellit cette idée par un pouvoir musical. — Chant. — *Écoute la voix de ma chanson, c'est ma voix.*

Nº 3. Il dénote les effets de sa nécromancie. — Chant. — *Je me protége par de magiques vêtements.*

Nº 4. Il dépeint l'intimité de leurs sentiments en joignant les deux corps par un seul bras. — Chant. — *Toutes pensées me sont connues, — rougis !*

Nº 5. Il représente sa fiancée dans une île. — Chant. — *Je pourrais t'attirer ici, lors même que tu serais dans une île lointaine.*

Nº 6. Sa fiancée est peinte endormie; il se vante de pouvoir atteindre son cœur par son art magique. — Chant. — *Lors même que tu serais dans un autre hémisphère.*

Nº 7. Un cœur dans un cercle. — Chant. — *Je parle à ton cœur nu.*

Je vais terminer ce sujet en vous donnant l'interprétation, toujours du même auteur, de quelques autres signes symboliques ou représentatifs que vous trouverez peu ou pas du tout modifiés dans le « *Livre* « *des Sauvages,* » et qui pourront vous édifier sur la validité de vos assertions, pour peu que vous examiniez ces lignes sans parti pris d'avance et sans préjugé. Pl. 9. — c. nº 1. Devises arithméticales et chronologiques, Nº 2 et 3, symbole d'un corps décapité (ou mort). Nº 4. Différentes représentations de la tête humaine. Nº 5. Têtes de mort, symbolicalement éclipsées ou voilées. Nº 6. Symbole d'un homme marchant pendant la nuit ou sous la lune. Nº 7. Un esprit ou un homme éclairé d'en haut, ayant la tête du soleil. Nº 8. Marque totémique du soleil. Nº 9. La lune, quartier de sécheresse. Nº 10. Tête d'homme avec les oreilles ouvertes à la conviction. Nº 11. Une femme ailée. Nº 12. Un Ouabino. Nº 13, pl. 10. Oreilles écoutantes. Nº 14. La mer (ce signe s'emploie fréquemment pour désigner des lacs

et l'eau en général). Nº 15. Un esprit. Nº 16. Un Américain symbolique. Nº 17. Le soleil dans une attitude écoutante (le soleil est ordinairement l'emblème du Grand-Esprit): Nº 18. Symbole du temps.
Nº 19. Grande médecine (grand mystère). Nº 20. Un prophète céleste.
Nº 21. Symbole du pouvoir. Nº 22. Un esprit du ciel bleu. Nº 23. Le
ciel. Nº 24. Symbole de mort. Nº 25. Un puissant midé. Nº 26. Un
canot rempli de guerriers. Nº 27. Trois soleils sous le ciel et l'arc-en-
ciel (trois journées de marche). Nº 28. Le Dieu de l'herbe des Dacotas,
avec une raquette dans une main, un arc-en-ciel dans l'autre et des
éclairs sur sa tête. Nº 29. Le Dieu de la guerre des Dacotas, avec une
grosse raquette dans la main. Nº 30. Wigwam et la viande dans la
marmite. Nº 31. Réunion de Ouabinos assis dans la loge. Nº 32. Cercle
domestique. Nº 33, Un nécromancien remplissant le monde avec sa
puissance, et son adresse. Nº 34. Symbole du soleil. Nº 35. Adresse mé-
dicinale. Nº 36. Un mauvais esprit du ciel. Nº 37. Puissance bota-
nique. Nº 38. Un chef. Nº 39. Un grand guerrier: avec une main il
saisit la terre, avec l'autre le ciel. Nº 40. Un campement symbolique.
Nº 41. Flammes symboliques. Nº 42. Une balle de marchandises.
Nº 43. Un canot de chasseurs. Nº 44. Un loup-totem. Nº 45. Le cœur
humain symbolisé. Nº 46. Un Ouabino assis, chantant.

J'espère, Messieurs, que ces exemples, ces citations et ces traductions vous suffiront pour vous prouver l'analogie parfaite des signes du
« *Livre des Sauvages,* » avec ceux que l'on rencontre partout en Amérique, gravées sur les rochers ou peints sur les écorces d'arbres et les
peaux de buffle. Comme dans les déserts américains il ne se trouve
aucune académie des Beaux-Arts, pour définir les formes du corps
humain, certaines tribus ou plutôt certains assistes sauvages se servent
du triangle, d'autres du cercle ou de l'ovale, et d'autres enfin du carré
pour représenter les parties principales du corps ; mais dans cette va-
riété de formes on rencontre toujours l'unité de style, l'égalité de
talent, ainsi qu'une incontestable parenté, qui nous prouvent que
toutes ces figures carrées, pointues ou rondes sont de la même famille
et sortent de la même école. Vous dites qu'elles appartiennent « au
monde enfantin, » mais vous ne faites que répéter une de mes phrases,
que vous auriez dû citer, et dans laquelle je dis, p. 48 de ma notice :
« Les signes dont ils (les Indiens) se servaient pour ces sortes d'ins-

« criptions sont, pour la plupart, symboliques ; ils paraissent être à
« peu près les mêmes que ceux employés par les différentes races de la
« grande famille humaine, avant l'invention des signes phonétiques et
« des caractères alphabétiques ; *ils ressemblent à ces desseins gros-*
« *siers que les enfants tracent sur les murs avec du charbon ou de la*
« *craie.* » Vous voyez bien, Messieurs, que vous ne m'apprenez rien
de nouveau, et vous n'ignorez pas que s'il existe des hommes enfants,
il existe également des peuples enfants sous bien des rapports. Aussi
lorsque M. Noé vient nous dire que « Dans les images authentiques
« (c'est-à-dire faites par les Peaux-Rouges), le regard le *plus superficiel*
« découvre une activité artistique réelle (Gazette d'Augsbourg,
« le 24 juillet). » On ne peut s'empêcher d'être pris d'un accès d'hila-
rité, car dans les dessins *authentiques*, que je viens de donner, et qu'on
peut vérifier dans les ouvrages ci-dessus cités, je demande qu'on me
réponde la main sur la conscience et franchement dans lesquels trou-
vez-vous une *activité artistique*. Il est vrai que les trois dessins iroquois, dont je parle dans ma notice, sont curieux et révèlent une connaissance assez exacte des formes extérieures ; mais parmi ces Indiens
toujours en contact avec des hommes civilisés, il n'est pas étonnant
qu'il s'en trouve de moins sauvages que les autres, il est même extraordinaire que le nombre des Peaux-Rouges civilisés soit si restreint,
car autrefois on en instruisait même pour la prêtrise et pour répandre
les lumières de l'Evangile au sein des tribus qui les avaient vu naître.
Lors donc qu'on rencontrerait chez eux des Raphaëls, cela ne prou-
verait qu'une chose, c'est que ces Raphaëls seraient des exceptions,
comme les dessins qui n'ont pas le caractère enfantin et primitif de nos
planches ne sont que des exceptions.

Avant de passer à la traduction des inscriptions alphabétiques, citons
d'abord les passages de mes adversaires qui m'attaquent sur ce sujet.
M. Lalanne commence savamment le feu dans son article du 10 juillet en disant : « *On sait* qu'en général les Peaux-Rouges passent, à tort
« ou à raison, pour n'être pas très-fort sur l'arithmétique. Je me suis
« laissé dire que chez eux, les plus malins pouvaient compter jusqu'à
« dix, grâce à leurs deux mains, et que même les individus d'une in-
« telligence supérieure parvenaient dans les grandes occasions, à aller
« jusqu'à vingt, grâce au moyen de leurs deux pieds. » Quand on se

— 33 —

laisse dire de pareilles absurdités, on peut les répéter dans un salon
pour faire rire les dames, mais avant de produire ces niaiseries dans
une discussion scientifique on devrait s'instruire sur ce sujet, afin de
ne pas faire tomber sur soi le ridicule qu'on veut jeter sur autrui. Or
Monsieur, si vous aviez ouvert un livre d'ethnologie américaine, vous
auriez vu qu'en général, les Peaux-Rouges ont des termes pour désigner
les nombres jusqu'à cent et même mille, et qu'au moyen de ces mots
ils peuvent compter tout ce qu'ils veulent ; vous auriez vu que toutes
les tribus, même les Comanches (ce qu'on ignorait encore dernièrement) ont des mots pour compter jusqu'à dix, et qu'au moyen de ces
mots répétés, ils peuvent compter comme nous, sans employer les
pieds, ce qu'ils ne font jamais. « On comprendra donc, dites-vous
« encore, qu'imbu de ce ridicule préjugé, j'ai été étrangement surpris
« de voir le « *Livre des Sauvages* » rempli de chiffres arabes et même
« romains de toutes dimensions. Je signalerai, entre autres, la pl. 44,
« où je trouve écrit aussi lisiblement que possible 15×89535. » Il
est dommage, Monsieur, que vous n'ayez pas ajouté, que pour trouver
ce nombre vous avez tourné le livre à l'envers. Il est dommage que
vous ne nous ayez pas dit sur quel monument ou dans quelle partie
du monde vous avez vu des chiffres romains mêlés aux chiffres arabes
dans la même inscription. Il est dommage enfin que vous ne nous ayez
pas démontré que les signes dont vous parlez sont des chiffres arabes
ou romains ; car vous ne devriez pas ignorer, Monsieur, que si les
badauds littéraires se contentent d'une critique qui ne prouve rien,
elle ne peut nullement satisfaire les gens sérieux. Au sujet des inscriptions alphabétiques vous dites encore que j'aurais dû reconnaître « à
« première vue que *toutes* ces inscriptions étaient en allemand (et
« même, je crois, en *haut allemand*), et offraient, sauf deux ou trois
« incomplètes ou illisibles, un sens très-clair, *l'orthographe et la langue*
« *étant du reste,* comme on devait s'y attendre, *à l'avenant du dessin.*
« **M.** l'abbé Domenech promet de nous en donner le déchiffrement
« dans un travail spécial, nous allons essayer de lui faciliter sa tâche.
« C'est à la *page* 38 qu'apparaît sa première inscription. »

Je remercie beaucoup M. Lalanne de sa complaisance, elle vient un
peu tard, mais j'en profiterai tout de même ; qu'il me permette seulement de lui faire remarquer le chiffre de la page qu'il indique : est-ce
qu'il aurait pris les inscriptions des pages trente-trois et trente-six
pour des chiffres arabes ou romains. Quant à ce qu'il prend pour du
haut allemand, c'est purement un dialecte de la Souabe, comme le dit

très–bien M. Noé, qui doit s'y connaître en sa qualité de savant allemand.

M. Petzholdt ne craint pas de faire des aveux compromettants pour
la thèse qu'il soutient, car, après avoir découvert trente et un mots
allemands, que mes écoliers alsaciens ou badois de cinq ans auraient
lu couramment, il dit : « *Ces mots paraissent servir d'explication,*
« *quoique pour l'observateur la marche des idées ne soit pas claire*
« *partout.* » Cette importante confession du savant allemand prouve
du moins qu'il a cherché à se rendre compte du rapport des inscriptions avec les figures symboliques, et que ce rapport existe. Il ajoute :
« Les noms Anna, Maria, Johannes, semblent appartenir aux figures
« juxta-posées. On rencontre en outre... quelques autres preuves de
« signes numériques arabes, soit en position droite, soit inverse
« comme cela se trouve dans l'exercice de l'écriture des enfants. »
L'auteur de ces lignes n'a pas vu de chiffres romains comme M. Lalanne. En constatant le rapport des inscriptions avec les figures,
M. Petzholdt aurait dû reconnaître que ces figures avaient une signification, et je regrette qu'il n'ait pas tenté de la trouver ou qu'il ait
refusé de faire ce travail.

La *Gazette d'Augsbourg*, en parlant de ces inscriptions qu'il qua-
lifie de *mystérieuses*, dit : « On devrait cependant *prétendre* qu'un
« tel Peau-Rouge barbare, initié dans tous les mystères des esprits
« supérieurs et inférieurs et dans tous les arts des *Ouabinos*, devrait se
« servir, sinon des caractères indigènes *s'il y en a* (il ignore donc
« qu'il n'y en a pas ?) *au moins d'une langue native, par exemple,*
« *du cherokee,* etc. Mais le bonhomme *explique tout son barbouillage*
« par la langue honnête des Allemands, qui nous rappelle le dialecte
« souabien. » Eh bien ! j'espère que voilà un raisonnement; comme
les Cherokees ont des caractères alphabétiques ou plutôt syllabiques, il
fallait que l'auteur du manuscrit inventât des caractères *quelconque*
pour s'exprimer dans *n'importe* quelle langue, pourvu que ce fût de
l'indien. On ne sait vraiment d'où peut sortir une pareille logique.
Mais M. Noé est aussi poli que son langage est admirable, et pour
conclure il ajoute : « Pour que M. l'abbé ne pense pas qu'il faille
« un certain esprit superfin pour déchiffrer ces mots allemands, je le
« prie de s'adresser au premier ouvrier tailleur du faubourg Saint-
« Antoine, qui le satisfera. » L'idée est jolie, mais que M. Noé me
permette de lui demander pourquoi ces inscriptions étant aussi faciles,
ni lui, ni aucun de ses compatriotes n'a pu les déchiffrer toutes ; et

qu'ils me laissent le soin de le faire ? Est-ce qu'ils auraient besoin du tailleur ? Ces inscriptions sont si faciles, que **MM.** Petzholdt, Noé, Lalanne, et un docteur allemand que j'appelerai le docteur **X** (1), parce que j'ignore son nom, ne s'accordent pas sur leurs interprétations. Avant de démontrer toutes ces contradictions et ces omissions volontaires ou non, je dois consigner ici ma notice sur les inscriptions alphabétiques, que j'avais préparée pour l'impression, dès le mois d'avril, et que mon éditeur n'a pas voulu publier, ainsi que la *Revue orientale* et *américaine*, qui l'a gardée *trois mois* dans ses portefeuilles. La loyauté que j'apporte dans cette discussion me fait un devoir de ne rien y changer ; ce ne sera que lorsque j'arriverai aux inscriptions elles-mêmes que j'y ajouterai l'interprétation de mes adversaires, pour les comparer à la mienne, quand elles ne s'accorderont pas.

Notice sur les inscriptions alphabétiques du « Manuscrit américain. »

Dans notre notice sur l'idéographie des Peaux-Rouges, qui précède le *manuscrit pictographique américain*, nous disions, en parlant des inscriptions alphabétiques contenues dans ce livre, que pour ne pas émettre légèrement une assertion prématurée, nous préférions nous abstenir de toute dissertation sur ce sujet, et renvoyer à plus tard une étude approfondie de ces inscriptions. Cette étude, nous l'avons faite, et, reconnaissant l'impossibilité de donner un sens à toutes les inscriptions, nous publions notre travail tel qu'il est, espérant qu'un jour quelque philologue allemand complétera notre traduction.

Les inscriptions alphabétiques ne modifient nullement notre interprétation, traitée trop facilement *d'arbitraire* (2), par des personnes d'un haut mérite, mais ignorant l'art graphique des Peaux-Rouges. Il a même été publié que sous le point de vue archéologique, le « *Livre* « *des sauvages* inspirait bien moins d'intérêt, qu'une foule d'autres

(1) Ce docteur, que je ne connais pas, sur la demande d'un de mes amis, a lu trente-une inscriptions, qu'il a consignées sur un morceau de papier.

(2) Allusion au rapport de la Société géographique de Paris, dans un des *bulletins* du commencement de l'année 1861.

« *inscriptions analogues gravées sur les rochers* en Amérique. » Nous étant particulièrement occupé de l'idéographie indienne, nous répéterons ici, qu'en général, les inscriptions auxquelles on fait allusion sont fort laconiques, quoique nombreuses, et d'une valeur historique très-secondaire; car elles ne se rapportent pour la plupart qu'à des récits de chasse, à des combats, ainsi qu'aux traits les plus saillants de la vie des guerriers fameux.

Le *Livre des sauvages*, nous présente au contraire 228 pages de curieux détails sur les superstitions, les croyances, les initiations mystérieuses et les coutumes des Indiens, mises en contraste avec nos dogmes religieux, l'abrégé de notre histoire sacrée et l'introduction du christianisme dans la Nouvelle-France. Ce tableau représentatif et symbolique nous rappelle ce qu'on voyait au moyen âge dans ces tableaux chronologiques, commençant à la création du monde, et finissant à la venue du Messie. Sous ce point de vue seulement, le manuscrit offrirait un intérêt d'autant plus grand, que c'est le seul monument de ce genre connu de nos jours. Ce livre confirme encore davantage l'assertion du célèbre M. Schoolcraft, lorsqu'il dit, que l'idéographie indienne de ces vastes régions n'a pas fait un pas vers un perfectionnement quelconque depuis deux mille ans. En effet les Peaux-Rouges de l'époque anté-colombienne représentaient exactement leurs idées de la même manière que le font encore les tribus dont nous parlons, dans notre ouvrage sur les grands déserts du Nouveau-Monde.

Pour nous refuser un honneur, qui ne nous a jamais été fait, la critique a déclaré que nous n'étions pas le premier ayant traité longuement la question des hiéroglyphes indiens, et que MM. Aubin, de Humboldt et Kingsborough en avaient parlé avant nous. En nous attaquant ainsi, l'on s'est maladroitement rendu coupable d'une confusion regrettable, que nous devons rectifier. MM. Kingsborough, de Humboldt, Aubin, et plusieurs savants ecclésiastiques ou laïques des dix-septième et dix-huitième siècles, ont beaucoup parlés de l'écriture mexicaine, mais ils n'ont pas dit un mot de la pictographie des Peaux-Rouges de l'Amérique septentrionale, avec laquelle cette écriture n'a pas plus de ressemblance qu'avec les hiéroglyphes égyptiens. On a donc eu tort de confondre la peinture didactique et l'écriture figurative des anciens Mexicains avec la peinture purement symbolique et représentative des Peaux-Rouges. Les divers travaux faits sur ces sujets diffèrent donc essentiellement les uns des autres.

Quant aux caractères alphabétiques du *Livre des Sauvages,* nous croyons qu'ils ont été tracés par la même main qui a crayonné les signes symboliques. Nous avons dû conclure de cette remarque, que le manuscrit est l'œuvre d'un chef de tribu instruit par un missionnaire allemand, ou celle d'un vieux sachem d'origine souabe. Ces deux hypothèses paraissent également probables. Dans la première, l'Indien se serait servi des mots allemands, dans les relations purement historiques, comme d'un complément ou de légendes explicatives, que les signes symboliques pouvaient difficilement remplacer. Dans la seconde hypothèse, par laquelle nous pouvons attribuer le manuscrit à un chef d'origine souabe, nous devons d'abord faire remarquer qu'il existe encore de nos jours bien des chefs indiens d'origine mexicaine, française ou saxonne ; il n'est donc pas étonnant de voir un souabe (dont le caractère nomade est un trait saillant de la nation), parvenir à cette dignité. Dans mon ouvrage publié à Londres l'année dernière, intitulé : *Seven years residence in the great deserts of north America* (1). Je dis que souvent les prisonniers de guerre sont adoptés par les mères ou les veuves des Indiens morts dans les expéditions guerrières, et que ces prisonniers prennent dans le cercle de famille le rang, le titre et la place des défunts. Mais ce n'est pas seulement à cette coutume bizarre que nous devons de rencontrer des hommes d'origine blanche, dans les sommités indiennes ; les trappeurs, les chasseurs, les enfants volés, et bien des individus à caractère excentrique, se font ou deviennent sauvages soit volontairement, soit accidentellement, et finissent par acquérir dans la tribu, au milieu de laquelle ils se trouvent, un pouvoir considérable, qu'ils doivent à leur courage ou bien à leur intelligence, et que leur facilitent singulièrement les facultés inhérentes aux races européennes.

Nous croyons que l'auteur du manuscrit, dans ce cas là, aurait été adopté encore jeune, que par conséquent il avait eu tout le loisir de s'initier à l'idéographie et aux coutumes indiennes, et qu'il suppléait par des caractères grossiers et d'homme illettré à la pénurie des signes symboliques, toutes les fois que son sujet demandait des détails d'idées ou des noms propres, qu'il ne pouvait spécifier qu'au moyen de l'écriture cursive. Nous pensons en outre que l'auteur a composé ce manuscrit dans l'intention de montrer à ses frères adoptifs l'horreur de leurs cou-

---

(1) L'édition française n'avait pas encore paru lorsque je remis cette Notice à mon éditeur et à la *Revue Orientale et Américaine.*

tumes mystiques ou secrètes, mises en parallèle avecl es enseignements religieux des chrétiens. La partie purement historique étant assez limitée, il fallait donc que le but de cet ouvrage fût instructif; mais nous sommes loin de nier que ce travail n'eût été entrepris pour se rappeler simplement quelques souvenirs historiques et bibliques, et consigner en même temps dans ce long recueil les éléments des mystérieuses cérémonies des Indiens, leur théogonie et leurs secrètes associations.

Telles sont les explications que nous devions donner avant de faire la nomenclature des *soixante* inscriptions alphabétiques intercallées dans les 228 pages du manuscrit (1).

P. 33. Le mot n'a pas de sens; on lit DUEIN; en intercallant un R, peut-être oublié, on pourrait lire THOERIN, qui veut dire *insensés*. Le D, est en effet souvent employé pour le TH, dans l'écriture des classes illettrées allemandes, à cause de leur ressemblance phonétique. Ce mot, du reste, s'applique très-bien aux figures de cette page et des précédentes, à cause de l'inconvenance des actes auxquels se livrent parfois es Indiens. — **MM.** Noé, Petzholdt et Lalanne, n'ayant pas de *ailleur* à leur disposition n'ont pas déchiffré ce mot. — Le docteur X, a lu DARIN (*dedans*).

P. 36. On lit ERD, sans doute pour ERDE *la terre*, car la dernière partie de ce mot est cachée dans les plis du livre. Les signes symboliques de cette page représentant l'emblème des nuages ou de la pluie; nous trouvons plusieurs sens à donner à ces figures pour les faire concorder avec le mot allemand. L'avant-dernière figure de cette page porte l'emblème de la puissance productrice; il tient au bras le symbole de l'eau et derrière lui se trouve une tente surmontée d'une croix, symbole du christianisme. Ceci nous engage donc à croire que l'auteur a voulu représenter un chrétien ayant la puissance de féconder la terre en obtenant de la pluie, par le secours de sa religion. — Aucun de mes adversaires n'a pu déchiffrer ces trois lettres.

P. 38. Nous lisons DRUZ pour TRUTZ ou TROTZ, *courroux, bouderie, inflexible fierté*, entre deux Indiens qui ont la poitrine rayée et un

(1) Pour abréger la discussion, je ne citerai mes commentaires que lorsqu'ils seront nécessaires pour indiquer le rapport des mots avec les signes symboliques.

cœur dans la main. Les deux cœurs sont tournés vers un esprit (1re fig. 1re ligne). Ces rayures longitudinales de la poitrine expriment qu'elles ont été ouvertes pour en arracher le symbole de l'amour et l'offrir au Grand-Esprit pour calmer son courroux et se le rendre propice. — M. Lalanne, qui est très-fort en *haut allemand,* voit TREUZ, soit TREU, fidèle, dans DRUZ ; dans les deux cas il ajoute un E qui n'y est pas, et dans le second il retranche le Z qui s'y trouve. — M. Noé, lit BREZ, en changeant le D en T et l'U en E, puis il ajoute: « pas clair. » Est-ce qu'il n'y avait pas à Augsbourg des tailleurs à consulter? Le docteur X, a lu GE (sous entendu) DREG, *il porte.* M. Petzholdt, n'a rien lu.

P. 42. Nous lisons WUESSD, pour WUEST, *dissolu, débauché, méchant.* Le chapitre auquel appartient cette page étant incomplet, il s'ensuit que l'intelligence du sujet est d'une grande difficulté. On pourrait croire qu'il s'agit ici d'une partie de la passion de Notre-Seigneur Jésus-Christ, et que ce mot s'applique à Ponce-Pilate, qui serait alors représenté par la figure au pouvoir suprême, placée au-dessus de l'homme attaché à la colonne; mais rien ne s'oppose à ce que l'interprétation soit limitée à la reproduction d'une de ces scènes mystiques ou de cruautés si communes parmi les peuplades américaines. — Aucun de mes adversaires n'a vu ce mot: mais le docteur X, a remplacé l'E par un R et lit WURST, saucisse.

P. 47. Le mot ANNA est écrit très-lisiblement en toutes lettres ; mais comme plus de la moitié de cette page est déchirée, il est impossible de deviner pourquoi ce nom se trouve placé là. — Il est inutile d'ajouter que tous les savants étrangers et français et même l'*Athenæum* ont lu ce nom.

P. 55. Nous lisons le mot GERN, *volontiers,* ayant un sens d'acquiescement à une action qui s'est faite ou va se faire, mais que nous n'osons pas spécifier. — Tous mes adversaires ont également lu ce mot !

P. 63. Le nom de MARIA, paraît ici pour la première fois; il est placé au dessous de deux figures, dont l'une représente un animal totémique du sexe féminin, et l'autre un génie. Il est indubitable qu'il s'agit d'une histoire ayant rapport à ce nom propre. — Mes aimables juges ont savamment lu ce nom.

P. 64. Dans cette page on lit le mot AN, coupé par le pli du livre, qui empêche de lire la suite, puis au dessous d'un morceau de papier collé plus bas sur des signes symboliques on lit le mot WERTT. Le

premier peut se traduire par ANNA ou EVA et se rapporter à la quatrième figure de la page, et le second nous paraît plutôt venir de WIRD
WERDEN, *naître, devenir*, que signifier tout simplement WERTH, *valeur*.
En lisant WERD pour WERTH, nous pourrions interpréter cette page
soit dans un sens biblique, soit par l'histoire d'une héroïne célèbre
à cette époque parmi les tribus indiennes. — M. Lalanne dit à ce
sujet : « C'est tout seul que je déchiffre GERN, *volontiers*, AN-WERTH
« ou peut-être AN-WERP, *anvers*, ce qui nous mettrait un peu loin du
« Canada et des Peaux-Rouges. » C'est naïf, mais je lui ferai remarquer
que si, grâce à l'euphonie, on peut prendre parfois le D pour un T en
allemand, on ne prend jamais le T simple ou double pour un P. —
Quant aux docteurs allemands, ils n'ont pas jugé à propos d'interpréter ces deux mots.

P. 69. Le mot NICHT, *rien*, *négation*, en partie effacé, a été refait
sur un morceau de papier portant des signes hiéroglyphiques ajoutés.
— M. Lalanne l'a traduit par *pas* ; le docteur X par *non*, et les docteurs Petzholdt et Noé le citent sans commentaire.

P. 70 et 71. Dans ces deux pages le mot SSBOTT est répété trois fois
et veut dire *moquerie, raillerie* en changeant le B en P,. Mais s'il nous
était permis de traduire ce mot librement et avec les sous-entendus fréquemment employés parmi les personnes illettrées, nous lirions (DA)ss
(GE)BOTT, cette prière. Je suis d'autant plus incliné à prendre cette traduction que je suis persuadé que la seconde lettre de ce mot est un B, comme
nous le voyons p. 148, dans le mot BEI GOTT, et que le commencement
du mot est peut-être caché sons l'ajouture qui sert à effacer une inscription dont je n'ai pu reconnaître la nature. D'après les figures du
livre, le mot *moquerie*, n'a aucun rapport avec ces figures, tandis que
celui de *prière* en a beaucoup ; car nous voyons dans ces pages 70 et 71,
l'effet de la prière, représentée par la puissance qu'elle donne à ceux
qui la pratiquent et symbolisée par les appendices attachés aux figures
de ces deux pages. — M. Lalanne a lu « BLOT pour BLUT, *sang*. » Les
deux ss deviennent maintenant pour lui un B, et le P ou le B deviennent un B, et le double T un T simple. Voilà des caractères bien élas-
tiques. Les docteurs X et Petzholdt ont lu comme nous SSBOTT, qu'ils
traduisent par SPOTT, *moquerie*. — M. Noé lit tout simplement SPOTT.

P. 90. Nous lisons deux fois le mot WILL, *vouloir, volonté*, mais ils
sont légèrement tronqués par le pli du livre ; il se peut donc que le
mot ne soit pas achevé tel qu'il est, et qu'on puisse en lire un autre. —
MM. Lalanne et Noé ne le citent pas. Le docteur X pense qu'on

peut lire WILL., *volonté*, et WILL., abrégé de WILHELM, *Guillaume*.

P. 99. On lit GEBAUTT, *construit*, édifié, ou GEBANTT, exilé ; la barre du T, qui n'est pas représentée dans le livre, est très-effacée sur l'original, mais elle est pourtant visible. Il suffit de bien examiner les pages 98 et 99 pour se convaincre que ces deux interprétations peuvent se rapporter aux figures représentatives ; car le mot GEBAUT pris substantivement veut dire commandement. — Mes contradicteurs n'en parlent pas, et le docteur X lit GELAUF, part. passé de LAUFEN, *courir* ; mais il n'est pas possible de prendre le B pour un L et le T pour un F.

P. 105. L'inscription de cette page porte IOHANNES-VATDER UNSSER, *Jean notre père.* — Naturellement ces mots étant très-intelligibles, je les trouve dans toutes les pages de mes adversaires. Le docteur X, seul y a trouvé la traduction suivante : *Jean le poisson.*

P. 106. Nous lisons le mot PROPHÈTE, qui n'a pas besoin de traduction et se rapporte naturellement au personnage directement au-dessus, qui communique ses dons aux trois petites figures peintes en rouge. — Mes adversaires n'ont pas su déchiffrer ce mot. Le docteur X est moins embarrassé, il prend le premier signe pour un G, il en fait ensuite ss, et lit GROSS'HUT, *grand chapeau.*

P. 108. L'inscription de cette page est illisible ; le monosyllabe SCHAM, *honte*, qu'on lit, n'est que le commencement d'un mot tronqué par le pli du livre et des signes méconnaissables. — MM. Noé, Petzholdt et Lalanne se sont empressés de ne pas en parler, à cause des difficultés qu'elle présentait.

P. 110. Nous lisons BEDREGEN, sans doute pour BETRUEGEN, *trompé.* La dernière lettre est à moitié prise dans le pli du livre. M. Lalanne lit BETREGER pour BETRIEGER, trompeur, MM. Petzholdt et Noé lisent BEDREGER pour BETRUEGER, et le docteur X traduit comme nous.

P. 113. Nous lisons le mot WILL, déjà expliqué.

P. 117. On lit le mot LIF, qui peut se traduire par *il a couru.* — Ce mot est également passé sous silence chez nos contradicteurs.

P. 119. Trois inscriptions occupent cette page. La première, HONIG, *miel ;* la seconde se compose du monosylabe POND, auquel je ne connais aucune signification en allemand, quoiqu'il en ait en anglais, ainsi que plusieurs autres mots de ce manuscrit, qui appartiennent indifféremment aux deux langues ; la troisième, HONIGROSS, qui veut peut-être dire *ruche*, quoique ROSS se traduise par *cheval.* Il se pourrait en effet que des ruches fussent symbolisées par les trois carrés et les deux triangles contenant des points. Cette page et les précédentes, depuis le commencement du chapitre, indiquent, comme nous l'avons déjà remarqué, un pays fertile, abondant en ressources naturelles, et le miel sauvage n'est pas une des moindres richesses de l'Indien. M. Lalanne se tait sur ces trois inscriptions ; MM. Noé et Petzholdt ne parlent que de la première, ainsi que l'*Athenæum*, et le docteur X traduit la dernière par : *pain d'épice en forme de cheval.*

P. 120. Nous lisons les mots EICHEN SCHAEDLECH, pour SCHAEDLICH, *chênes nuisibles.* Les signes symboliques de cette page nous font supposer que cette inscription peut s'interpréter dans un double sens ; savoir, que les arbres dont il est ici fait mention sont dangereux à cause du terrain humide ou fiévreux qui les entoure, ou bien parce que c'est un endroit fréquenté par des personnes hostiles et méchantes. M. Noé lit RIECHEN SCHAEDLICH (en ajoutant un R, qui ne se trouve pas dans l'inscription), ce qui veut dire *sentir mauvais.* — M. Petzholdt, à son tour, prend l'E pour un R, et lit RICHEN. Le docteur X n'en parle pas, et M. Lalanne s'accorde avec nous.

P. 121. Le bas de cette page est très-embrouillé, car l'inscription commence avec une lettre qui ne se retrouve nulle part, et qui paraît incomplète : on lit ensuite ERDE RND, auquel je n'ai trouvé aucun sens, même en supposant que cette première lettre soit un U, un N ou un V. C'est en vain que j'ai cherché ce mot parmi les docteurs allemands et M. Lalanne ; pour celui-là, comme pour tant d'autres, ils ont préféré me renvoyer au tailleur que de l'expliquer eux-mêmes.

P. 122. On lit EBEL, pour UEBELL, *mauvais ;* ce mot peut se rapporter aux productions du pays dont on en voit de grossiers symboles dans les figures au-dessus. — Silence général sur ce mot.

P. 123. On lit HONIG, déjà traduit.

P. 125. WOHR pour WAHR, *vrai,* allusion faite probablement à la sincérité d'un acte qui se passe entre les deux personnages crayonnés à droite de l'inscription. — Le docteur X, qui seul en parle, lit WORT, *parole,* en laissant de côté l'H et mettant un T à la fin.

P. 126. Nous lisons LESSDE WORD, pour LETSTE WORT, *dernière parole.* Le mot LESSDE ne paraît pas fini, une autre lettre le suit, probablement un S, à moitié disparue dans les plis du livre. — Les docteurs allemands n'en parlent pas, et M. Lalanne traduit comme nous.

P. 127. On lit VERRADEN pour VERRATHEN, *trahir,* ou VERRATH, *trahison.* Ces mots, comme plusieurs déjà cités et d'autres que nous citerons plus loin, sont de vrais légendes sans lesquelles la plupart des scènes symboliquement représentées au-dessus resteraient très-obscures. — Personne n'a signalé ce mot.

P. 131. Le mot WINIGER pour WENIGER, *moins,* de cette page, est sans doute mis sous le deuxième groupe pour désigner qu'il était moins considérable que celui de dessus. — Ce mot est reconnu par tous mes adversaires allemands.

P. 132. Nous pensons que le mot HOREN doit se lire HOEREN, *entendre,* car il s'agit ici de l'explication symbolique de la doctrine chrétienne par les missionnaires arrivés sur les navires (p. 132), ou par l'auteur du manuscrit. Certains appendices auriculaires, symboles de l'attention et de l'entendement, ajoutés à plusieurs figures de ce chapitre, nous font embrasser cette opinion. — MM. Petzholdt et Noé, sans doute embarrassés par ce mot, ne l'ont pas cité. Le docteur X le traduit par *écoutez,* et M. Lalanne par HÜREN, qu'il ne traduit pas.

P. 135. Le mot GEWUSSD pour GEWUSST, *connu, compris,* se rapporte indubitablement à l'enseignement dont nous venons de parler.— MM. Petzholdt et Noé l'ont lu comme nous, M. Lalanne ne le cite pas et le docteur X a vu GO pour GROSS et WURST pour WUSST, *grosse saucisse.* C'est vraiment admirable !

P. 143. MARIA, déjà nommé.

P. 144. L'inscription de cette page est incomplète. On lit d'abord WUEST, *mauvais, méchant, débauché,* et le mot MNA, mot sioux, qui sans préfixe ou suffixe veut dire le fruit de l'aubépine. Comme un mot sioux ne doit rien avoir à faire ici, nous croyions que les lettres ont été interverties par inadvertance et qu'il fallait lire MAN, *homme, méchant homme* ; mais après avoir attentivement examiné l'original nous nous sommes aperçu que ces trois lettres faisaient partie d'un mot plus long, que nous n'avons pu déchiffrer. — M. Lalanne se tait sur ce mot et les trois docteurs allemands changent l'E en R et lisent WURST, *saucisse,* ainsi que *l'Athenæum* de Londres. En mettant toujours ce comestible dans mon livre, ces Messieurs commencent à devenir monotone ; de grâce qu'ils y mettent, une bonne fois, de la choucroûte pour changer, et n'en parlons plus.

P. 145. Le mot FASSDTTAG pour FASTTAG, *jour de jeûne,* est sans doute placé ici à titre de réminiscence ou bien encore à titre d'instruction ou de précepte. — M. Lalanne le traduit tout simplement par *jeûne,* ne tenant nul compte de TAG, *jour.* Le docteur X, le traduit

par *carême*. **MM.** Petzholdt l'interprète comme nous, ainsi que l'*Athæneum*, puis il ajoute en parlant de ce mot : « On voit trois personnes,
« chacune avec les anneaux (de pain) dans les mains, tels qu'ils sont
« usités pendant le carême. » **M.** Noé dit sur le même sujet : « une
« paire de figures tiennent un pain, » le *bretzel* du carême.

P. 146. L'inscription de cette page est fort obscure : voici quels sont
les caractères dont elle se compose AN VERGELPT, peut être le P, mal
écrit, doit-il être pris pour s mal placé, et doit-on lire AN VERGELT'S.
En lisant ainsi et prenant AN pour l'abréviation d'un nom propre nous
aurions *an le récompense*. **M.** Noé lit AN VERGELT (UNG), il ajoute la
syllabe UNG pour faire le mot *récompense*, mais il n'explique pas le
préfixe ou substantif AN. Le docteur X.. et **MM.** Lalanne et Petzholdt
n'en parlent pas.

P. 147. Nous lisons dans cette page les mots HASS, *la haine*, et
DENAND, qui doit être sans doute un mot souabe ou patois, pour signifier TOEDTET, *tue* ou quelque chose d'approchant dans ce sens. Le
docteur X.., **M.** Lalanne et **M.** Petzholdt n'ont lu pour leur plus
grande commodité que le mot HASS, qui est en haut de la page, et
M. Noé lit ainsi : HASST ENAND pour EINANDER, *une autre haine* ;
c'est possible, mais je ne le crois pas, car les deux mots sont trop sé-
parés et trop distincts pour admettre cette interprétation.

P. 148. On lit d'abord BEI GOTT, *par Dieu*, puis GOTT MEIN ZEUGE,
Dieu mon témoin ou *soit mon témoin*, exclamation qu'explique la
pose de la figure au dessus. **MM.** Lalanne, Petzholdt, le docteur X..,
et l'*Athæneum* ont interprété ces inscriptions comme nous. **M.** Noé
ne les mentionne pas.

P. 149. Nous lisons d'abord sur cette page SO WOHR (pour WAHR)
ALS GOTT, *aussi vrai que Dieu*. Nous croyons que ces mots indiquent
un serment et non pas un juron. L'inscription suivante est moins
claire. On lit GNAT RE CHGOTTES : comme il y a beaucoup de place
entre le RE et le CH, nous croyons qu'on doit y placer un I soit oublié,
soit effacé par le temps ; alors nous aurions GNAT pour GNADE, *grâce*,
RE(I)CH, *royaume*, *règne*, GOTTES, *de Dieu* (règne de la grâce de Dieu.
Cette légende est corroborée par les pages suivantes, qui représentent
les effets de la grâce dans le cœur des chrétiens fidèles ; car si nous
avons dit dans notre notice (p. 109), qu'il s'agissait ici d'un *homme-
médecine* et d'un *midé* inspiré par un pouvoir autre que le sien, et pos-
sédant toutes les qualités et toutes les facultés d'un être supérieur, il
n'est nullement besoin de changer *l'homme-médecine* en un mission-

naire ni le *midé* en un chrétien pour rendre notre première interprétation
plus exacte ; tout homme supérieur est un *homme-médecine* pour un
Indien, et tout *midé* peut-être un néophyte ; l'un enseignant les effets
de la grâce, et l'autre écoutant les instructions de la nouvelle doctrine.
M. Petzholdt n'a rien vu de cette inscription, et M. Lalanne, toujours
fort en *haut allemand*, ajoute, après avoir traduit la première inscription, qu'il se trouve au bas de cette page : « encore des mots mutilés
ou inachevés. » Vraiment, je commence à croire qu'il ne m'aurait pas
beaucoup aidé dans ma traduction. M. Noé lit *gnadreich gottes*, mais
il ne donne aucune explication. Le docteur X a traduit comme nous.

P. 159. Le Mot GEWALD pour GEWALT, *puissance, violence, force
supérieure*, est inscrit au bas de cette page. Ce mot s'accorde parfaitement avec la forme et l'arrangement des figures placées au dessus.
A part M. Petzholdt, qui ne le cite pas, je me trouve en cela d'accord
avec tous mes adversaires, comme pour les mots *Anna, Maria* et autres
aussi lisibles.

P. 164. En haut de la page on lit le mot GRUND, *base, fond, cause,
motif*, et le mot FEIRDAG pour FEIERTAG, *jour de fête*, est au bas. —
Sur le premier mot tous mes adversaires se taisent ; sur le second nous
sommes tous d'accord.

P. 168. Nous lisons ici le mot EIGER, dont nous ignorons le sens ;
EIGEN, veut dire *appartenant*, mais l'R étant bien formé, il n'est
pas possible de s'y méprendre. — Le tailleur de M. Noé aurait bien dû
nous renseigner sur cela ; car il est inutile d'ajouter que les docteurs
allemands, comme M. Lalanne, renferment ce mot dans un prudent
silence.

P. 171. Le mot HEILIG se lit au bas de cette page, et peut signifier
pur, saint, sacré ; il est hors de doute qu'il s'applique ici au culte
catholique ; peut-être aux sept dons du Saint-Esprit, ou bien aux sept
sacrements, comme les deux cercles de cette page et les cinq de la
suivante l'indiquent. — Sur ce point accord général, quoique M. Lalanne l'ait oublié.

P. 177. Nous lisons NICHT WOHL, *pas bien*. Accord parfait comme
ci-dessus.

P. 179. On lit en deux lignes HEI-CH, sans doute LI a été effacé ou
perdu dans l'esprit de l'auteur, et l'on doit lire HEILIG comme à la
p. 171. — De ce mot personne n'en parle.

P. 180. Au milieu de cette page on lit HEILIG SACHE, *chose sainte ;*
ces inscriptions s'expliquent par la nature des figures qui sont auprès

d'elles, et des pages de ce chapitre qui traite exclusivement des choses religieuses. — Encore ici je m'accorde avec tous mes contradicteurs.

P. 189. L'inscription de cette page porte le mot GEORDHL, qu'on peut traduire par *jugé, sentencié.* Parmi les signes représentatifs de cette page on voit du feu, une espèce de potence avec des clous, et la raquette au bout d'un bâton, qui sert à faire sécher la peau du scalp ; plus haut le squelette d'un mort. Nous croyons donc que notre interprétation est justifiée par ces signes symboliques. — Il est inutile de dire que ce mot offrait trop de difficultés pour être traduit par mes adversaires : le docteur X seul en fait mention ; il a lu GEHOERD, *il appartient, appartenu,* qui ne trouve aucune application ici.

P. 196. Cette page contient plusieurs inscriptions presque impossibles à déchiffrer, et nous ne pouvons y donner aucun sens, même en nous fondant sur les signes symboliques, qui nous représentent un souvenir tragique. Voici les caractères de cette inscription : HASS-G-DRAG-OSE-LL-OEPELLDA : nous pouvons ajouter s, qu'on aperçoit à peine à cause du pli du livre qui le cache. Nous avons d'abord HASS, *la haine ;* puis GDRAG, qui ne signifie rien, à moins de lire GETRAGEN (l'E et l'N étant peut-être pris dans les plis du livre, comme je le crois), *porté, soutenu ;* quant au reste, OSELL-OEPELL DASS, nous n'y comprenons rien, si ce n'est le mot SELL pour SEELE, *âme,* et DAS, nominatif et accusatif neutre de l'article DER, *le.* — MM. Petzholdt et Noé s'en sont tiré en ne mettant que la partie suivante de l'inscription LL-OEPELL DAS, qu'ils lisent : « LLOEFEL DAS (DAS SIND LOEFEL), » *ce sont des cuillères.* Mais outre que cette manière de tronquer les mots n'est pas admissible, il reste encore plusieurs autres difficultés à trancher ; d'abord c'est de savoir pourquoi l'on retranche de cette inscription les caractères OSSE, et pourquoi l'on fait du P deux F, que l'auteur trace toujours d'une manière très-distincte, comme on peut s'en convaincre par le mot LIF, p. 117 et 124. Cependant nous ne nions pas absolument l'interprétation arbitraire de ce mot par mes savants adversaires, car il est possible que dans l'ancien allemand l'on écrivait LOEPEL pour L'OEFEL. M. Lalanne a préféré ne pas se compromettre en donnant son opinion sur cette inscription, et le docteur X y trouve les mots *pantalon, boîte* et *rose?*

P. 198. Nous lisons les mots UNSCHULDIG, *innocent, inocemment* et WISS, abréviation de GEWISS, *certainement.*—M. Lalanne croit que WISS vient de WEISE, qui veut dire, *manière, façon, usage.* M. Petzholdt, naturellement ne met pas ce mot. M. Noé le fait venir comme nous de GEWISS, et le dr X le tire de WISSEN, *savoir*.

P. 199. Le bas de cette page contient les mots suivants : WILL NACHNAMEN, pour NACHAHMEN, *il veut imiter*. Il est possible que l'A de NACH soit un O, comme dans l'inscription suivante ; mais nous avons vu dans WAHR, écrit WOHR, que l'auteur confondait parfois ces deux lettres. Le dr X croit qu'il faut lire NACHNEHMEN, *prendre;* cela se peut ; MM. Lalanne, Petzholdt et Noé n'en parlent pas.

P. 200. Nous lisons NOCHNAMENE GUED pour GUT, *bien (bien imité);* NOCHNAMENE n'étant qu'une répétition de l'inscription précédente. Tous mes adversaires ont oublié ce mot.

P. 202. L'inscription de cette page est moins claire ; elle peut néanmoins s'interpréter sans de grands efforts d'imagination. On lit d'abord SCHEILM, qui n'est autre que SCHELM, *fripon*, et DISE pour DIESE, *ceux-ci*. Le dr X, le seul qui parle de ce mot, a lu PFEIFEN, *sifflant*.

P. 210. Nous lisons à la page 210 les mots WUESD WORD, pour WUEST WORT, *mauvaise, horrible* ou *détestable parole*. — M. Lalanne ne cite pas ces mots ; M. Noé n'a pas osé mettre de la saucisse ici comme il en a mis à la page 44, et je ne sais pourquoi, car les lettres sont très-lisibles et parfaitement les mêmes dans les deux inscriptions ; mais sans doute il voulait tout simplement faire rire ses lecteurs tout en les mystifiant par une bévue : quant à M. Petzholdt il n'a pas manqué d'y revoir sa saucisse chérie ; le dr X a fait de même, quant au mot de WORT, il l'interprète par *parole* ou *est devenu;* c'est à dire *il est devenu saucisse*, ou *saucisson*, si le lecteur préfère employer le masculin. Il me semble que mes savants juges devraient être fatigués de trouver toujours de la saucisse sous leurs yeux, sous leur plume et sur leurs lèvres ; mais « des goûts et des couleurs on ne dispute pas. »

Au bas de la page on lit ZORNIG, *irrité, courroucé*, et GESSTELD pour GESTELLT, *représenté, placé;* c'est-à-dire *représenté courroucé*, ce qui doit s'appliquer à la première figure humaine de cette page. MM. Noé, Petzholdt et Lalanne l'ont à peu près traduit comme nous ; mais le dr X a lu le mot *patience*, je ne sais guère comment.

P. 212. Nous lisons le mot SPOTTLICHE pour SPOTTISCH, *moqueur, ironique*. Le dr X seul a traduit ce mot comme nous. MM. Lalanne, Petzholdt et Noé l'ont sans doute oublié, car ils n'en parlent pas.

P. 224. En haut de cette page nous lisons le mot SPOTT, *ironie*, déjà cité et qui termine les inscriptions alphabétiques du *Livre des Sauvages*.

Vous voyez, Messieurs, que malgré votre science et votre qualité d'Allemand vous ne vous accordez ni sur la lecture ni sur le sens des mots, que *le premier ouvrier tailleur du faubourg Saint-Antoine* devait lire si facilement ; vous avez également eu l'adresse de glisser sur toutes les inscriptions dont la lecture ou l'interprétation vous paraissaient équivoques. Vous me direz, peut-être, que vous n'avez pas voulu vous donner la peine de les déchiffrer, je le crois, quoique j'aurais le droit d'en douter ; mais cela prouve toujours que ces interprétations n'étaient pas aussi facile à trouver que vous l'avez certifié ; cela prouve encore que j'avais parfaitement raison de prendre du temps pour expliquer ces inscriptions, que nous tous ensemble nous n'avons pas encore pu déchiffrer complétement. Soutiendrez-vous toujours que ce manuscrit est l'œuvre d'un polisson de cinq à sept ans ; j'en doute, mais le public est là pour juger de quel côté se trouve la vérité, comme il jugera de quel côté sont les convenances et la modération qui doivent toujours présider à toute polémique impartiale et savante. Vous avez voulu faire rire à tout prix, eh bien ! vous avez parfaitement réussi, car le rire me gagne à mon tour, et vos admirables articles m'ont fait passer les plus délicieuses journées qu'on puisse désirer pour interrompre la monotomie d'une existence laborieuse et triste.

Si votre critique s'était renfermée dans les bornes d'une analyse consciencieuse de mon livre, qu'elle eût été de bonne foi quoique ignorante, et qu'elle fût arrivée à votre conclusion par un examen sérieux et raisonné des matières contenues dans le manuscrit, je me serai réjoui d'avoir trouvé des adversaires où je pensais ne rencontrer que des indifférents. Avec mes connaissances personnelles et les longues études auxquelles je me suis livré depuis tant d'années sur tout ce qui concerne l'Amérique en général (que j'aime sincèrement), et les Indiens en particulier, je ne pouvais pas me tromper aussi grossièrement que vous l'avez affirmé, malgré votre incompétence, que je constate hautement, tout en reconnaissant vos talents et vos mérites pour d'autres branches de la science. Mais si je m'étais trompé, j'aurais eu le courage de l'avouer, tenant beaucoup plus au titre d'honnête homme qu'à celui de savant. Je connais malheureusement, par ma propre expérience, l'époque dans laquelle nous vivons, et je sais que ce titre fait bien des ennemis à ceux qui le portent, et qu'il conduit souvent à l'hôpital en passant par la misère. Mon aveu, du reste, ne m'aurait pas été pénible, ayant bien des excuses pour me justifier, comme vous avez pu le voir. Le gouvernement

français, de son côté, ne perdait rien de sa considération, car on n'aurait
pu l'accuser que de pousser trop loin sa libéralité en souscrivant à des
ouvrages sur la valeur desquels personne ne pouvait le renseigner.
Les gouvernements accusés de trop de générosité sont rares, Messieurs,
vous le savez sans doute mieux que moi. En avouant qu'on s'est
trompé, on ne se compromet nullement, je crois, au contraire, qu'en
agissant ainsi, l'on fait preuve d'une loyauté et d'une honnêteté aussi
honorables que peu communes de nos jours.

Quant au ridicule inqualifiable que vous avez voulu jeter sur la découverte du *Livre des Sauvages*, d'autres, avant vous, ont voulu le
jeter sur des découvertes d'une bien plus grande importance, que nous
admirons aujourd'hui, et qui furent honies jadis même par des intelligences d'élite. Je me rappelle à ce propos de m'être indigné à Londres, en lisant à la bibliothèque royale une note de M. Prescott,
et dans laquelle il se moquait assez cavalièrement de lord Kingsborough , au sujet de sa reproduction des manuscrits mexicains ,
« que personne, dit-il, ne comprenait. » M. Prescott ignorait sans
doute les travaux et les traductions de la plupart de ces manuscrits,
par les auteurs que je cite dans ma notice, et que M. Aubin lit aussi
couramment qu'eux.

Dans les injures dont vous me gratifiez, dans les perfides insinuations
que vous faites, et dans la passion que vous avez mise à vouloir ridiculiser le manuscrit, il est difficile de voir dans vos écrits une simple
question littéraire. Il est douloureux, Messieurs, de voir dans ces
graves questions se mêler des rivalités de nation, des antipathies puériles et des préjugés surannés, qui répugnent à la civilisation moderne.
Tout esprit supérieur s'élève noblement au dessus de ces petites passions
humaines, que l'on rencontre encore trop souvent dans cette espèce de
franc-maçonnerie intellectuelle , qui devrait lier ensemble les grandes
intelligences de tous les pays et de toutes les religions. En plaisantant
parfois sur vos erreurs où vos légèretés je n'ai point voulu faire usage
de vos armes, car je les trouve méchantes, et puis elle me répugne ;
mais après les outrages dont vous m'avez si indignement abreuvé
il devait m'être permis de m'amuser aussi, tout en respectant vos
personnes et vos talents , et je crois avoir été plus généreux que
vous en cela, car vous n'avez respecté en moi, ni le prêtre ,

ni l'homme, ni l'écrivain. Monsieur Lalanne surtout s'est signalé par des mots cruels, qui m'ont fait saigner le cœur; je ne veux pas le blesser à mon tour, mais je lui dirai que lorsqu'on trouve dans son imagination des mots pareils, on doit au moins avoir la pudeur de les signer d'un nom étranger, et tout à fait ignoré dans les Lettres. Je lui dirai aussi, que je comprends très-bien que l'*Athenæum* de Londres blâme le gouvernement français de dépenser de l'argent pour la publication d'ouvrages exceptionnels, qui ne verraient jamais le jour sans la généreuse souscription du ministère d'État. Quoique le gouvernement anglais dépense des sommes considérables pour les études et les travaux géographiques, il n'a pas habitué les savants des Iles britanniques à compter sur sa bourse pour publier les trésors que possèdent les bibliothèques royales des Trois royaumes. Pour ne par‑ ler que de l'Irlande d'où je viens, je dirai que sans les fonds privés et fort restreints que possèdent l'université catholique et l'académie royale de Dublin, nous ne connaîtrions pas les ouvrages admirables des docteurs O'Donovan, O'Curry, Wilde, Petrie, Todd, Reeves et autres, et que nous aurions toujours une bien médiocre idée de l'his‑ toire, de l'archéologie et de l'ethnologie irlandaises. Le docteur Graves aussi, *dean* du château royal, attendra sans doute longtemps encore que le ministère anglais lui vote des fonds pour l'aider à continuer et à pro‑ duire son admirable découverte de la triangulation des anciens forts de l'Irlande. Mais ce que je ne comprends pas c'est qu'un Français vienne faire à notre gouvernement un tel reproche qui fera toujours sa gloire.

M. Lalanne aurait dû se rappeler la motion de notre spirituel orien‑ taliste, archéologue et philologue, M. de Saulcy, qui demandait au Sénat, à l'époque de l'adresse à S. M. l'Empereur, que le budget des sciences et des arts fût augmenté. Pour ma part, je préfère la libéralité et les vues élevées du savant sénateur à ce blâme maladroit, malveil‑ lant et mesquin du rédacteur en chef de la *Correspondance littéraire*.

M. Lalanne ne doit pas ignorer que des quatre grandes parties du monde, l'Amérique est la moins connue dans son histoire, son ethno‑ logie et sa philologie; mais ce qu'il ignore peut être c'est que les quel‑ ques documents précieux que nous possédons sur ce sujet, nous viennent de l'Amérique, de l'Allemagne et de l'Angleterre, et que la France n'en a produit encore que de très-secondaires et presque uni‑ quement sur l'histoire du Canada et des États-Unis. Je crois donc qu'au nom de l'orgueil national, qui devrait faire battre le cœur de tout Français, M. Lalanne devait trouver que le ministre d'État agit noblement en comblant cette déplorable lacune, et protégeant par son généreux concours les travaux qu'on lui propose sur cette partie de notre globe imparfaitement explorée.

M. Noé finit son article en me disant « qu'il trouve profondé- « ment enracinée dans une multitude d'hommes, la méchanceté de « distinguer des mots allemands des mots indiens, et de puériles bar- « bouillages, de dessins artistiques et d'origine vénérable. » Si l'ironie perce sous cette phrase spirituelle, elle est du moins de bon goût, et n'ayant rien d'offensant, j'en félicite l'auteur, tout en le priant de faire une visite à son tailleur pour en obtenir des renseignements sur ce qu'il dit « n'être pas clair. »

Quant à **M.** Petzholdt, il termine son pamphlet en me conseillant « de *me* taire dans une retraite modeste, au lieu de *me* décider *peut-* « *être* à vouloir entrer dans une analyse plus détaillée de ce livre. » Je regrette de n'avoir pas suivi son conseil, mais c'est de sa faute; il aurait dû mettre moins de saucisse dans mon livre, et plus de dignité dans son langage; alors je serais *peut-être* allé dans une retraite réflé- chir sur les douceurs et les profits de la science, comme sur la modestie et le patriotisme des hommes. En attendant que je m'y décide, je finis à mon tour en disant à mes charmants voisins du midi de l'Allemagne, que je les admire d'avoir trouvé tant de choses dans mon livre : au mi- lieu de leurs poétiques visions, ils n'ont vu que les articles dont se constituent leurs menus plaisirs. Il est vraiment dommage que leur phénoménal gamin ait oublié la chose la plus essentielle pour tout bon Allemand. — Quelques pots de bière : — Ils auraient alors vu plus clair et nous auraient certainement favorisés de nouvelles découvertes plus admirables encore, et surtout assaisonnées de ces expressions dis- tinguées auxquelles la *civilisation française* n'accorde jamais, chez nous, les droits de naturalisation. Nous pouvons assurer ici les chers disciples de Gambrinus que nous ne leur en voulons pas du tout de ne voir à travers les vapeurs émanées du liquide national que l'appétis- sante image d'objets gastronomiques et matériels.

Nous nous résignons volontiers à leur abandonner tout le mérite de leurs hallucinations, comme nous leur laissons toute la responsabilité de l'impardonnable mystification dont le monde littéraire a peut-être été la dupe mais non les savants. Nous les laisserons faire de la poli- tique contre nous, sans prendre notre revanche en leur demandant à notre tour ce qu'ils ont su faire sur ce chapitre à l'heure solennelle et décisive, appelée 1848-50. Ils peuvent à leur aise jeter de la boue sur notre civilisation, mais nous n'avons aucun motif d'être jaloux de la leur, si les enfants en bas âge sont chez eux jugés dignes de tracer les figures du manuscrit américain. Mais notre caractère nous impose quelque chose de plus grave que des aménités de ce genre, et des personnalités qu'on ne saurait toujours éviter dans une polémique pareille que nous avons abrégée le plus possible.

C'est avec bonheur que nous saisissons cette occasion de donner à l'Allemagne, dont personne ne conteste le mérite, un doux tribut de reconnaissance pour les égards et la considération que ses enfants honnêtes et laborieux m'ont toujours témoigné dans les solitudes du Nouveau-Monde. A part les prétentions puériles et les jalousies aveugles de quelques têtes *gambrinisées*, j'ai toujours rencontré dans les Allemands des vertus morales et sociales qui faisaient mon admiration, et, là bas, là bas, au delà des forêts vierges, dans les grandes prairies, je pourrais citer plus d'une colonie où des lèvres allemandes répètent encore mon nom avec amour et respect. Quand des fatigues inouïes me firent déposer la croix du missionnaire pour prendre la plume de l'ethnologue, je savais que toutes les épines qui déchirent le cœur de l'homme ne se trouvent pas dans les déserts américains ; je savais que j'allais travailler un champ improductif et stérile, que j'arroserais aussi souvent de mes larmes que de mes sueurs ; mais, heureux de pouvoir dévoiler à ma patrie des horizons plus ou moins inconnus, de lui lire bien des pages utiles sur les tribus indiennes de cette partie du globe , pages difficiles à découvrir, difficiles à déchiffrer, et que les livres ou les études de cabinet n'enseignent pas, je me mis à cette tâche ingrate sans hésiter, et sans m'effrayer de la malveillance des uns ou de l'indifférence des autres. Je ne travaille que par conscience, devoir et nécessité ; ma plume ne se souille jamais par des injures ; je ne la trempe jamais dans le fiel qu'on pourrait à mon insu distiller en moi, et ma devise sera toujours la vieille devise française. FAIS CE QUE DOIS, ADVIENNE QUE POURRA.

Paris, 10 octobre 1861.

Paris. — Imprimerie de L. TINTERLIN et Cᵉ, rue Neuve des-Bons-Enfants, 8

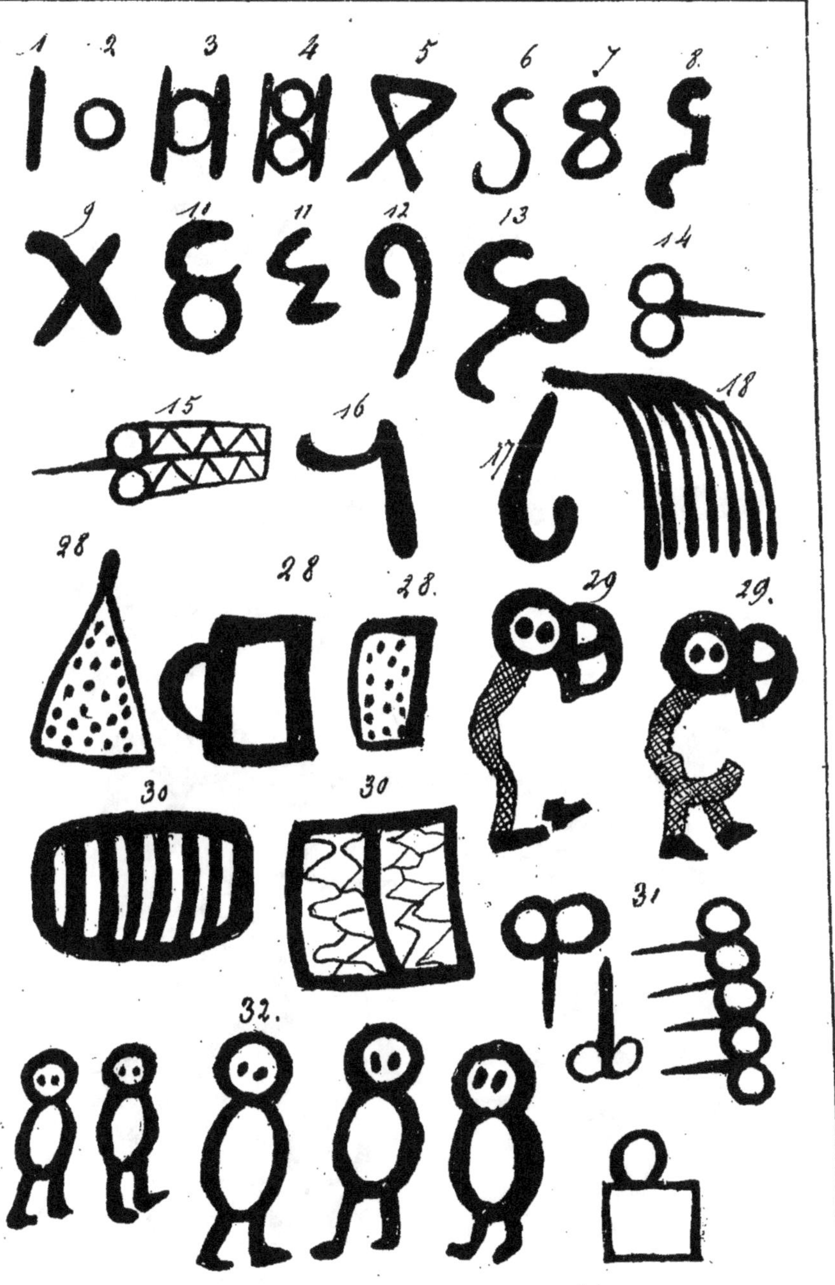

Signes hiéroglyphiques symboliques et représentatifs.
du livre des Sauvages.

Signes symboliques et représentatifs.
du livre des Sauvages.

Imp. Lith. de V. Janson, 6, rue Antoine Dubois, Paris.

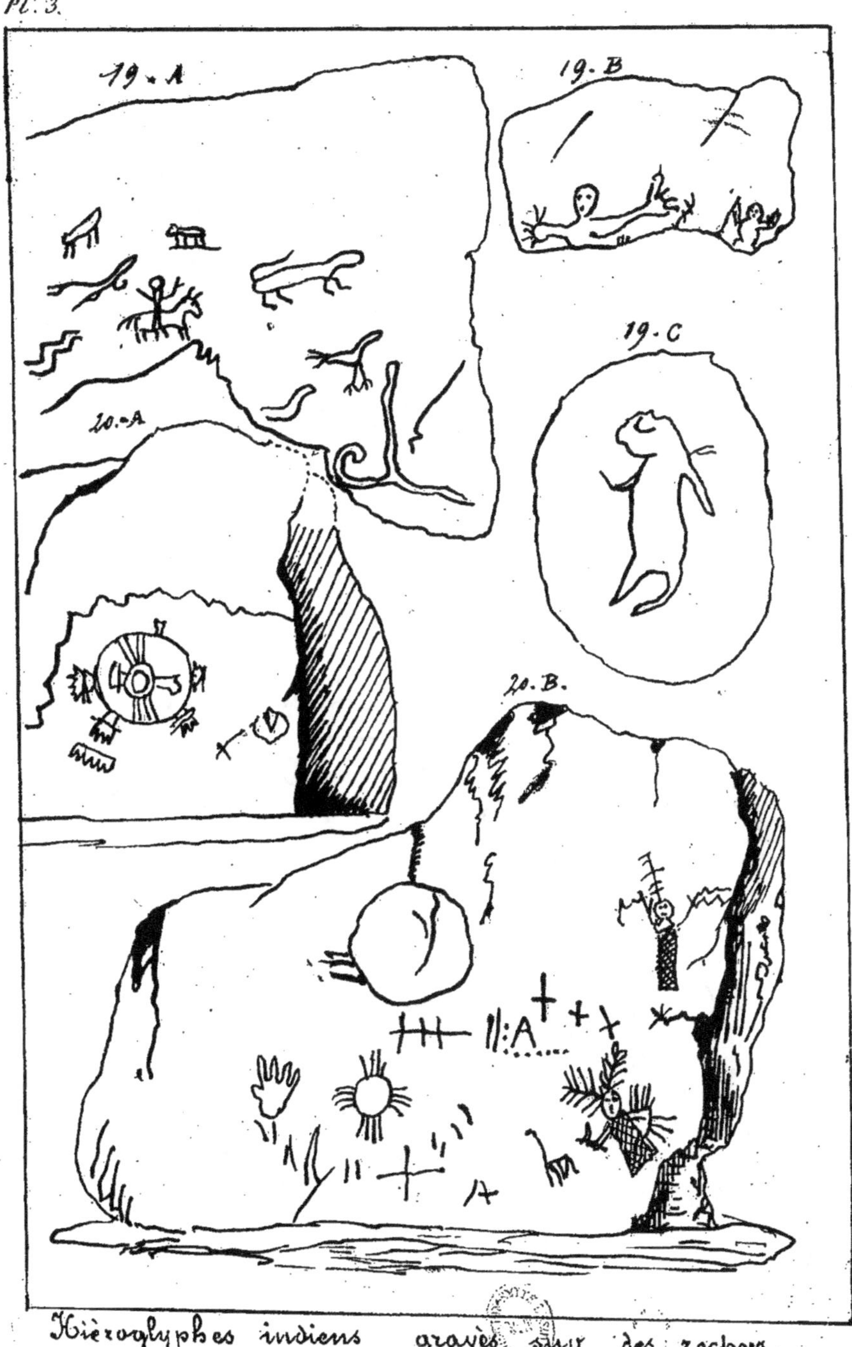

Hiéroglyphes indiens gravés sur des rochers.

Imp. Lith. de V. Janson, 6, rue Antoine Dubois, Paris.

Peintures et Inscriptions indiennes du Nouveau-Mexique.

Imp. Lith. de V. Jonson, 6, r. Antoine Dubois, Paris

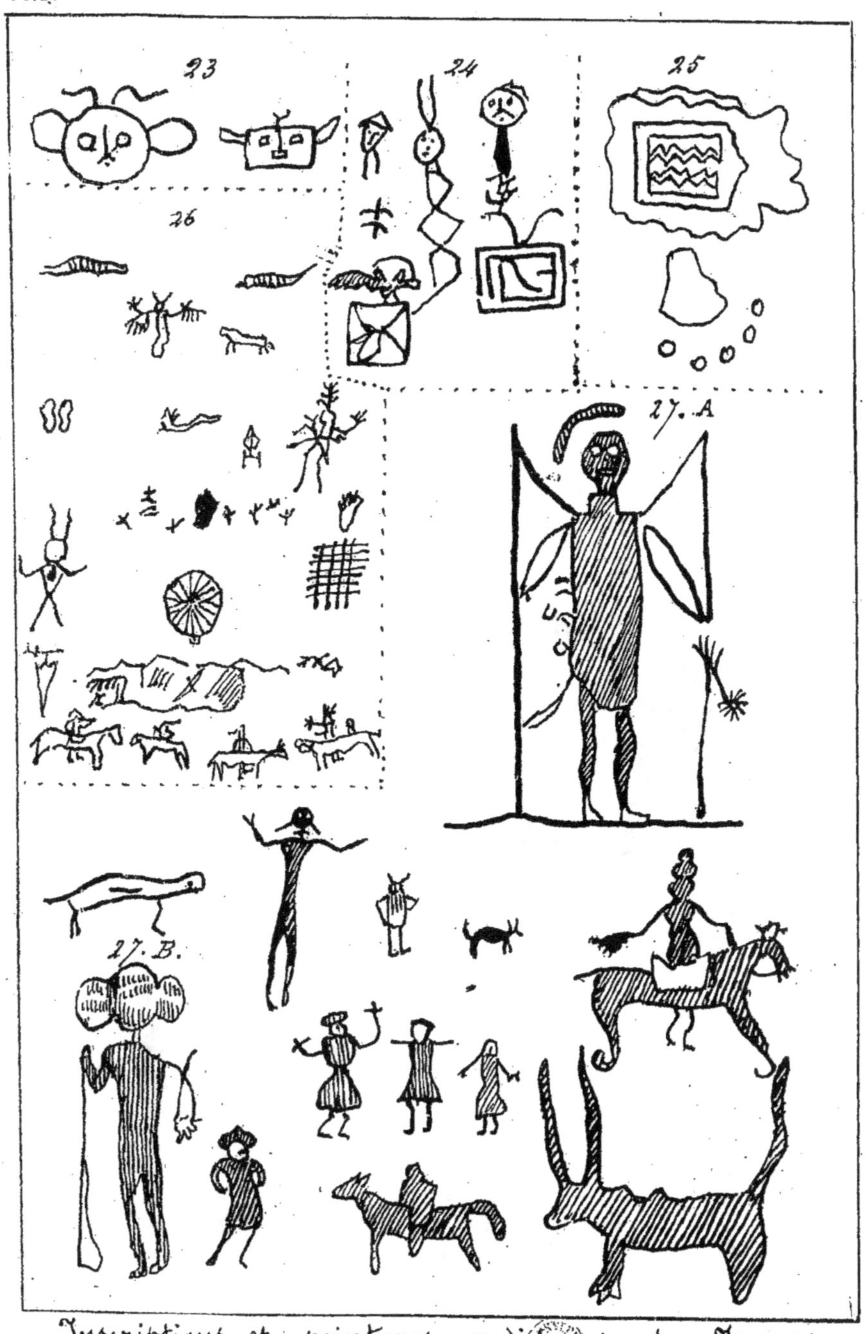

23 *24* *25*

26

27. A

27. B.

Inscriptions et peintures indiennes du Texas.
et du nouveau Mexique.

Imp. lith. de V. Janson, 6, r. Antoine Dubois, Paris.

Inscriptions indiennes sur les rochers
d'Esopus, de Cunningham et de l'Utah.

Imp. Lith. de V. Janson, 6, r. Antoine Dubois, Paris.

Chanson de chasse des Chippeways

Imp. Lith. de V. Janson, 6, r. Antoine Dubois. Paris

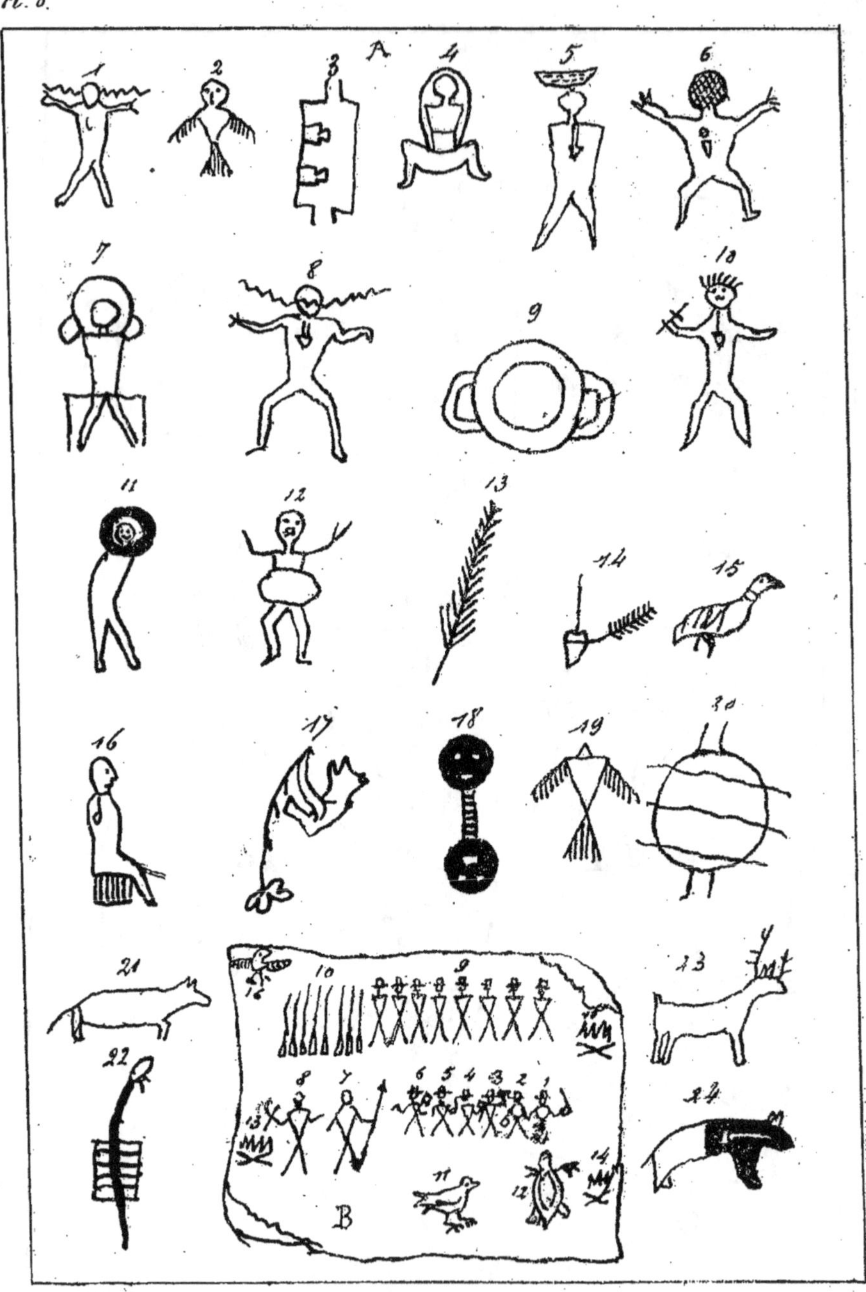

Inscriptions indiennes de chasse et d'une expédition scientifique.

Imp. Lith de V. Janson, 6, r. Antoine Dubois, Paris.

Chants de guerre et d'amour — Hiéroglyphes.

Signes symboliques et représentatifs des Peaux-Rouges.

Imp. Lith. de V. Janson, 6, r. Antoine Dubois Paris.

318

Contraste insuffisant

NF Z 43-120-14

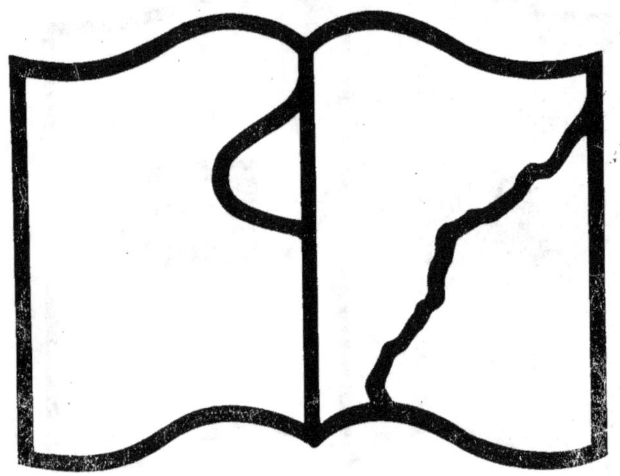

Texte détérioré — reliure défectueuse

NF Z 43-120-11